COSI FAN TUTTE

LIBRETTO DI LORENZO DA PONTE   MUSICA DI WOLFGANG A. MOZART

DÉJÀ PARU

Mozart — Don Giovanni
Puccini — La Bohème
Verdi — Otello
Dix cycles de Lieder/Ten cycles of Lieder
Beethoven Brahms Mahler
Schubert Schumann
Mozart — Cosi fan tutte

À PARAÎTRE

Mozart — Le Nozze di Figaro

COSI FAN TUTTE

LIBRETTO DI LORENZO DA PONTE   MUSICA DI WOLFGANG AMADEUS MOZART

TRADUCTION
MOT À MOT
ET JUXTALINÉAIRE
ACCENT TONIQUE

•

WORD FOR WORD
AND JUXTALINEAR
TRANSLATION
STRESS

PAR/BY

Marie-Thérèse Paquin

Professeur à la faculté de musique de l'Université McGill
Professor at the Faculty of Music of the McGill University

1980
LES PRESSES DE L'UNIVERSITÉ DE MONTRÉAL
C.P. 6128, SUCC. «A», MONTRÉAL, QUÉ., CANADA H3C 3J7

ISBN 2 7606 0452 7
DÉPÔT LÉGAL, 1er TRIMESTRE 1980
BIBLIOTHÈQUE NATIONALE DU QUÉBEC

"Publier les livrets en traduction, donner des résumés et des analyses dans les programmes ... mais ne jamais changer le son et l'accent des mots composés dans une certaine position, dans une certaine musique."

IGOR STRAVINSKI

"To publish the translated libretti, to give summaries and analysis in the programmes ... but never to change the sound and the stress of the words which were composed in a certain way, on a certain music."

IGOR STRAVINSKI

introduction

introduction

Wolfgang Amadeus Mozart naquit à Salzbourg, le 27 janvier 1756 et mourut à Vienne, le 5 décembre 1791.

Cosi fan tutte, opera-buffa, en deux actes portant en sous-titre *La Scuola degli amanti* (L'école des amants). Dernier opéra de Mozart pour lequel Lorenzo da Ponte a écrit le libretto. Sa collaboration avec Mozart se termine ici. Cet opéra à six personnages et quelques choristes a demandé à Mozart quatre mois de travail.

Il comprend douze Arias (solos), six duos, six trios, deux quintettes, un sextuor, un choeur et deux grands finales avec choeur.

Cette oeuvre au catalogue Köchel des oeuvres de Mozart porte le numéro 588.

L'opéra fut créé à Vienne, le 26 janvier 1790.

Le choix du sujet par l'empereur Joseph II favorisa grandement l'unanimité de la presse et du public après la première de *Cosi fan tutte*.

Malheureusement, l'empereur n'assista à aucune des quatre premières représentations à Vienne, il était déjà très malade et il mourut en effet le 20 février 1790.

De par cet événement, les représentations de *Cosi fan tutte* furent interrompues et ne reprirent qu'en juin pour se poursuivre jusqu'en août. Mozart avait alors 34 ans et il mourra l'année suivante.

Une traduction en langue allemande fut faite du vivant de Mozart, ce qui laisse croire qu'il aura collaboré à cette traduction. Il semble cependant que la première représentation de *Cosi fan tutte* en allemand, eut lieu à Dresde, le 5 octobre 1791.

Wolfgang Amadeus Mozart was born in Salzburg, on January 27, 1756, and died in Vienna, on December 5, 1791.

Cosi fan tutte ossia *La Scuola degli amanti* (School for lovers), opera in two acts, on an italian libretto written by Lorenzo da Ponte, had its first performance in Vienna on January 26, 1790. With only six characters and a small chorus, this opera consists of twelve Solo Arias, six Duets, six Trios, two Quintets, one Sextet, one Chorus and two Grand Finale with chorus.

In the Köchel's catalogue of Mozart's works, this opera is listed under Number 588.

The subject having been chosen and suggested to the composers, if not imposed, by the Emperor Joseph II, it helped greatly the press and the public of the first performance to be unanimously in favour of the opera.

Sad to say, the Emperor himself could not attend any of the four first performances, he was already too sick, and he died on February 20th. The mourning at the Court stopped the performances of *Cosi fan tutte* but in June they started again and went through until August.

Mozart was then 34 and he was to die the next year.

A translation in German language was done while Mozart was still alive and it is probable that he collaborated to this translation.

It seems that the first performance in German took place in Dresden, on the 5th of October 1791.

Hyppolite Taine, the great french philosopher, wrote somewhere, that this piece has no common sense but

André Boll, musicologue français, a qualitié *Così fan tutte* de "Pantalonnade".

Hyppolite Taine, grand philosophe, a écrit quelque part que Mozart en composant cet opéra n'a songé qu'à être heureux et amoureux, ce qui est fort plausible et je cite la phrase de Taine : "La pièce n'a pas de sens commun et c'est tant mieux." (Cité par Camille Bellaigue, *Mozart*, édition Laurens, p. 92.)

it was good like that. He thinks that when Mozart composed it, he was just thinking of being happy and amorous.

Mozart had spent four months of his **short** life to write *Così fan tutte*.

D'origine juive, le librettiste Emanuelle Conegliano, dit Abbé Lorenzo da Ponte, naquit le 10 mars 1749, à Ceneda, aujourd'hui Vittorio Veneto, et mourut à New York le 17 août 1838.

Quand il eut atteint sa quatorzième année, son père le fit baptiser, pour lui permettre d'épouser une catholique.

En 1773, il reçut les ordres mineurs, de là son titre d'"Abbé".

Plutôt aventurier de nature, il eut une vie fort mouvementée. Après de multiples péripéties, on le retrouve à Vienne, en 1781; il allait devenir poète officiel de la Cour en 1784.

C'est à Vienne et en 1781, que commença sa collaboration aux opéras de Mozart. Il écrivit, en effet, les *libretti* de *Don Giovanni*, *Le Nozze di Figaro* et *Così fan tutte*.

Cette même année, 1781, vit arriver à Vienne, une italienne venant de Ferrara, chanteuse sans grande voix ni art de la scène, elle n'était pas non plus une beauté, mais elle s'intéressa aux travaux de da Ponte et lui, qui n'en était pas à sa première aventure, tomba amoureux de la ferraraise, si bien qu'il écrivit pour elle, trois libretti d'opéras dont *Così fan tutte*.
Une chanteuse viennoise devint la rivale de l'italienne; peu après, une très jeune chanteuse vive et alerte, possédant d'excellentes qualités apparut et je suis bien tentée de penser que ces trois femmes de caractères si différents inspirent au poète les trois rôles à écrire : Fiordiligi, Dorabella et Despina.

Voici la distribution des rôles de la première représentation à Vienne : Fiordiligi; la Ferra-

Emanuele Conegliano, known as Abbé Lorenzo da Ponte, was born on March 10, 1749, in Ceneda, now Vittorio Veneto and died in New York, on August 17, 1838.

His father had him baptized when he was fourteen, so that he could marry a Catholic girl.

In 1773, he received minor orders where from comes his title "Abbé".

He lived a very adventurous life. In Vienna, in 1781, where he was to be appointed Official Court Poet later on, he started his collaboration with Mozart for whom he wrote three libretti : *Don Giovanni*, *Le Nozze di Figaro* and *Così fan tutte*.

It might be possible that Lorenzo da Ponte got his inspiration to build the characters of the three women in this last opera, from three singers living in Vienna at the time.

In 1781, arrived in Vienna, a singer, coming from Ferrara and who showed some interest in the poet's works. She was a good singer, not possessing an unusual voice, not being a good actress, not even being beautiful, but our poet who was easily attracted by women, fell in love with her and he wrote three opera libretti for her; *Così fan tutte* being one of them.

A Viennese soprano became a rival to the Ferrarese and to quiet down those impetuous singers, a young and lively German girl came into town, and it happened that she was a very good singer. I am not far to think that these three women became Fiordiligi, Dorabella and Despina.

The cast of the first performance was thus : Fiordiligi, Adriana Ferraresi del Bene, Dorabella, her

raise Adriana Ferraresi del Bene; Dorabella : Louise Villeneuve, aussi Ferraraise et soeur dans l'opéra et dans la vie de Fiordiligi; quant à Don Alfonso et Despina, ces rôles étaient chantés par Monsieur et Madame Francesco Bussani; Francesco Benuzzi, tenait le rôle de Guglielmo et Vincenzo Calvesi, celui de Ferrando.

Il ne faudrait pas oublier cependant, que l'empereur Joseph II avait lui-même soumis le sujet qu'il tenait d'un "fait divers" arrivé à Vienne quelque temps plus tôt.

A la mort de l'Empereur, le 20 février 1790, Lorenzo da Ponte est disgracié et part pour Londres où il séjourna huit ans.

Puis nous le retrouvons à New York, en 1805, où il devint professeur de langues étrangères et... fabricant de spiritueux. Il apportait, en Amérique, une culture générale alors bien peu commune : poésie, peinture, musique et un éclectisme assez extraordinaire.

Il prit une part active aux premiers souffles de l'opéra sur le continent américain.

Il publia ses Mémoires (*Memoirs*) à New York, en 1823. J'en retiens un portrait de notre Abbé da Ponte que nous fait le signataire de la Préface du premier des quatre volumes, Arthur Livingstone, et je traduis : Il était grand, de belle taille, beau et toujours extrêmement élégant et soigné de sa personne, se tenant les épaules très en arrière, jusqu'au moment où il dût prendre une canne, qu'il portait de préférence dans son dos. En 1807, il avait un peu plus de 50 ans et il possédait encore une jeunesse et une vitalité assez exceptionnelle. Pendant les dernières années de sa vie, il enseigna l'italien au Columbia College.

sister on stage and in life, also from Ferrara, Louise Villeneuve, Don Alfonso and Despina were respectively Mr. and Mrs. Francesco Bussani; Guglielmo was sung by Francesco Benucci and Ferrando by Vincenzo Calvesi.

Though, one must not forget that it is the Emperor Joseph II who more or less, imposed the subject to the poet, taking it after a "fait divers" that occurred lately in Vienna.

At the death of the Emperor, on February 20, 1790, da Ponte lost favour and went to London where he lived for eight years.

We finally meet him in New York, where he arrives in 1805, and there he became a teacher. He was bringing to America an education, which not many people would know at the time : poetry, painting, music and an eclectism quite extraordinary.

He became an active participant in the beginning of Opera in America.

In 1823, he published his Memoirs. The Introduction of such book was written by Arthur Livingstone, who gives us a portrait of Lorenzo da Ponte and I take the liberty of quoting him : "He was a tall, well-built, handsome person, impeccably groomed, his shoulders erected and thrown back from the waist, till he found it almost more comfortable to support himself on a cane, which he carried preferably behind him. He was a man well past middle age (around 1807) but still youthful and vigorous ..." He spent the last years of his life teaching Italian language in Columbia College. Edward J. Dent on his book *Mozart's Operas* writes "To appreciate the delicate filigree of Da Ponte's comedy, one must read every word of the italian original and sing it through, recitatives and all, to Mozart's music."

L'accent tonique, en italien, tombe en général sur l'avant-dernière syllabe.

Toute monosyllabe est accentuée, à moins que ce ne soit un article, un pronom personnel ou relatif, un adjectif possessif, un verbe auxiliaire, une proposition ou une conjonction.

Si, par exception, l'accent tonique tombe sur la dernière syllabe, il est marqué par un accent aigu ou grave.

Ex. : beltà   (page 29)
       onestà   (page 29)
       perchè   (page 31)
       più   (page 40)

Quand un pronom régime est lié au verbe (pronom conjoint), l'accent doit être placé sur la 2e, 3e ou 4e syllabe avant la fin.

Ex. : tradirmi   (page 29)
       battervi   (page 31)
       sbrigatevi   (page 71)
       incorraggiateli (page 153)

En poésie, on élide souvent une voyelle finale, ce qui porte l'accent sur la dernière syllabe.

Ex. : provar(e)   (page 29)
       andar(e)   (page 34)
       educazion(e)   (page 35)
       sospir(i)   (page 36)
       amiam(o)   (page 107)

Dans le texte qui suit, tout accent tonique non prévu, sera indiqué par un tiret (_) sous la syllabe accentuée.

Ex. : fedel   (page 29)
       femmine   (page 33)
       collera   (page 34)
       carattere   (page 35)

In Italian, the stress generally falls on the next to last syllable.

Any monosyllable is stressed, unless it is an article, a personal or relative pronoun, a possessive adjective, an auxiliary verb, a preposition or a conjunction.

When by exception the stress is on the last syllable, it is written above the word with an acute or grave accent.

Ex. : beltà   (page 29)
       onestà   (page 29)
       perchè   (page 31)
       più   (page 40)

If a pronoun is tied to the verb, the stress is found on the 2nd, 3rd or even 4th syllable before the end.

Ex. : tradirmi   (page 29)
       battervi   (page 31)
       sbrigatevi   (page 71)
       incorraggiateli (page 153)

In poetry, the ending vowel of a word is often elided, this brings the stress on the last syllable.

Ex. : provar(e)   (page 29)
       andar(e)   (page 34)
       educazion(e)   (page 35)
       sospir(i)   (page 36)
       amiam(o)   (page 107)

In the following text, any abnormal stress will be indicated by a dash (_) under the syllable to be accentuated.

Ex. : fedel   (page 29)
       femmine   (page 33)
       collera   (page 34)
       carattere   (page 35)

Lorenzo da Ponte utilisa, en écrivant le libretto de *Così fan tutte*, une langue italienne très dialectale; par conséquent, il arrive souvent que certains mots ne se trouvent pas dans les dictionnaires ordinaires, ou s'y trouvent sous deux orthographes différentes, tels :

volentieri	volontieri	(page 41)
chiara	clara	(page 225)
bicchiero	bicchiere	(page 222)
rubella	ribella	(page 172)

et encore d'autres.

Tout mot entre parenthèses indique son absence dans l'une ou l'autre, ou les deux autres langues de ce travail.

Ex. :

in lei		credo
en elle	(je)	crois
in her	(I)	believe

Le pronom personnel est rarement usité en italien, mais en cas de doute sur la personne du verbe, j'ai ajouté le pronom qui convient, comme dans l'exemple précédent, mais toujours entre parenthèses.

Il a été très difficile par moments, de traduire vraiment mot à mot, mais lorsque dans ces cas j'ai traduit par une équivalence, c'est qu'il n'y avait pas moyen de faire autrement.

C'est avec intention qu'aucun détail définitif de décors ou de mise en scène n'est indiqué ici. La liberté, dont jouissent, de nos jours, les metteurs en scène, est telle qu'il est presque impossible, dans un travail comme celui-ci, d'insister sur la mise en scène et les décors. Cependant les apartés sont indiqués ainsi que les dialogues. De même les ensembles sont désignés par des accolades.

To write the libretto of *Così fan tutte*, Lorenzo da Ponte used sometimes an Italian dialect; or words that belong to a dialect; consequently it often happens that certain of these words can not be found in an ordinary dictionary or if they are found it is under a different orthograph, as per example :

volentieri	volontieri	(page 41)
chiara	clara	(page 225)
bicchiero	bicchiere	(page 222)
rubella	ribella	(page 172)

and many others.

Any Italian word which is not translated (or used) in one or the two other languages of this translation, are set into brackets.

Ex. :

in lei		credo
en elle	(je)	crois
in her	(I)	believe

The personal pronoun is very rarely used in Italian, but when there could be a doubt on the person of a verb, I added the suitable pronoun, also into brackets.

It was very difficult, at times, to translate word by word, and when it happened I had to use an equivalent which I hope will be useful to the readers of this work.

It is purposely that there is no definite staging and setting indications in this work. The designers and the stage directors are more and more free to use their imagination and to show their talents. But what is indicated here is when a phrase is sung aside and the conversation style. The ensembles are into big brackets.

personnages		characters	
FIORDILIGI, née à Ferrara, vivant à Naples	soprano	FIORDILIGI, born in Ferrara, living in Naples	soprano
DORABELLA, soeur de Fiordiligi, aussi née à Ferrara et vivant à Naples	soprano	DORABELLA, also born in Ferrara, sister of Fiordiligi and living in Naples	soprano
GUGLIELMO, officier, fiancé à Fiordiligi	baryton	GUGLIELMO, Officer, betrothed to Fiordiligi	baritone
FERRANDO, officier, fiancé à Dorabella	ténor	FERRANDO, Officer, betrothed to Dorabella	tenor
DESPINA, camériste de ces dames	soprano	DESPINA, chambermaid to the ladies	soprano
DON ALFONSO, un vieux philosophe	basse	DON ALFONSO, an old philosopher	bass

Soldats, serviteurs, marins, invités au mariage, paysans.

Soldiers, servants, sailors, wedding guests, peasants.

L'action se passe à Naples.

The action takes place in Naples.

description de l'action	acte premier	the synopsis	first act

Toute l'intrigue de cet opéra repose sur une gageu-re sur la fidélité des femmes. Cent sequins, voilà l'enjeu de ce pari.

Don Alfonso a deux amis, officiers dans l'armée, Guglielmo et Ferrando, qui sont fiancés à deux Ferraraises Fiordiligi et Dorabella.

Don Alfonso, tout philosophe qu'il est, jure de leur faire toucher du doigt et cela aujourd'hui même, que celles qu'ils appellent leurs Phénix ne sont pas meilleures et surtout pas plus fidèles que les autres et afin d'exécuter son projet, il croit plus prudent de mettre dans le secret du complot, Despina, camé-riste des deux jeunes filles.

Et voilà nos six personnages.

Au lever du rideau, les deux jeunes gens et Don Al-fonso dissertent sur la fidélité des femmes. Ils ne sont pas d'accord; Don Alfonso prétend que 24 heures lui suffiront pour leur prouver que leurs bien-aimées peuvent les tromper.

Les deux premiers trios (p. 29 et p. 33) reliés par un Récitatif (p. 31) nous apprennent que Gu-glielmo et Ferrando croient fermement que leurs fiancées ne sont pas comme les autres. Les cent sequins de l'enjeu serviront plutôt à donner un banquet et à sérénader les belles. Mais Don Alfon-so n'abandonne pas la partie. Il présente son projet aux jeunes gens et leur fait promettre de faire tout ce qu'il leur demandera. Guglielmo et Ferrando jurent en tant que soldats et engagent leur parole d'honneur.

Nouvelle scène : les deux soeurs admirent des mi-niatures qu'elles portent en guise de collier, repré-sentant leurs fiancés. Et c'est le Duo : *"Guarda sorella..."* (p. 40) A la fin du Récitatif suivant

The whole plot of this opera is built on a bet on women's constancy. A hundred sequins is the stake of the wager.

Don Alfonso, the old philosopher, has two friends, Ferrando and Guglielmo, who are both Officers in the Army and bethrothed to Fiordiligi and Dorabella, two sisters born in Ferrara.

Don Alfonso swears to the boys that he could prove to them today, that their Phoenix, as they call their beloved, are not any better and above all not any more faithful than others.

He believes in putting Despina, the girl's chamber-maid in the secret of the plot he intends to weave, this gesture by pure prudence.

These are the six characters of this opera.

As the curtain rises, Don Alfonso and the two boys Guglielmo and Ferrando are discussing on women's faithfulness. They have different opinion on this subject. Don Alfonso pretends that within the next 24 hours, he can make the girls fall in a trap and betray them. The two first Trios (p. 29 and p. 33) with a Recitative an between (p. 31) tells us that Guglielmo and Ferrando believe stron-gly that their beloved are not like the others. They are so sure to win the wager that they already know how to use the hundred sequins; to give a ban-quet for one and a Serenade for the other. But Don Alfonso does not give up. He explains the plot he has woven and asks from them an oath that they will do whatever and however he tells them to do. They give their word of honour.

Change of scene : the two sisters are in admiration of medallions of Guglielmo and Ferrando that they are wearing as necklace. And it is the Duet :

Don Alfonso survient et annonce aux jeunes filles que leurs amoureux sont appelés sous les armes, et qu'ils sont là, venus leur faire des adieux.

Les jeunes filles, éplorées comme il se doit, jurent fidélité et semblent inconsolables, et tous les cinq réunis, chantent la tristesse d'un tel départ en un Quintette (p. 49) et ce sont les adieux. Un choeur chante au loin : *"Bella vita militar!"* (p. 56); un autre Quintette suit (p. 59) ou les filles invitent les deux soldats à leur écrire souvent et de nouveau on entend le choeur.
Les deux soeurs restées seules avec Don Alfonso, chantent un court Trio : (p. 63) "Que le vent soit doux, que la mer soit calme..."

Changement de scène : Despina entre. Elle apporte le chocolat chaud à ses maîtresses et elle maugrée sur sa situation de camériste. Fiordiligi et Dorabella apparaissent et tout en pleurant, elles affirment qu'elles veulent se suicider : l'une veut un poignard, l'autre un poison. Et Dorabella chante ce grand Air précédé d'un Récitatif : *"Smanie implacabili..."* (p. 69). Despina n'y comprend rien et veut savoir de quoi il s'agit et les deux soeurs lui racontent que leurs amoureux sont partis à la guerre. Despina essaie de les consoler en leur disant qu'il n'y a rien de tragique à cela, qu'ils reviendront sûrement couverts de lauriers et que si par malheur ils meurent, il y a bien d'autres hommes qui compenseront la perte. Et Despina leur suggère de se divertir en attendant, et elle leur chante l'Air : *"In uomini, in soldati, sperare fedeltà..."* (p. 75)

Les trois femmes sorties de scène, Don Alfonso entre et c'est ici seulement qu'il mettra Despina au courant de son projet. L'astucieuse Despina entre pleinement dans le jeu de Don Alfonso et de soubrette qu'elle est, elle deviendra médecin et plus tard notaire, sous des déguisements adéquats pour retourner ensuite à la vraie Despina.

"Guarda sorella..." (p. 40). At the end of the next Recitative Don Alfonso rushes in to tell the girls that their fiancés have been called to the wars and that they are leaving right now. But they are standind behind the door, expecting that their beloved will accept to say "Adieu" to them.

The two women weeping as they should, swear constancy to the boys and look disconsolate, and all five sing the sadness of such a departure in a Quintet (p. 49) and here are the Farewell. A chorus is heard :*"Bella vita militar"* (p. 56) and another Quintet follows (p. 59) where the girls insist that the soldiers write them letters often and again we can hear the chorus in the distance. Once the boys have left, Dorabella, Fiordiligi and Don Alfonso sing this little Trio : "May the wind be gentle, the sea calm and may all the elements comply with our wishes." (p. 63)

Change of scene : Despina enters. She is bringing the hot chocolate to her mistresses and she curses her being a chambermaid. Fiordiligi and Dorabella come in weeping and they claim they want to commit suicide. One asks for a dagger and the other one for a poison. And Dorabella sings this big Aria : *"Smanie implacabili"* (p. 69). Despina knew nothing yet about Don Alfonso's plan. Seeing her mistresses weeping and sighing she wants to know what has happened. They explain that their fiancés have been called to the wars and that they have left already. Despina relies that there is nothing tragic about it, that they will come back laden with laurels and in the meantime they should not hope for the constancy of their lovers, because men are soldiers, and that they should love by necessity, by vanity, and pay back the gentlemen with the same money and she sings her Aria : *"Io uomini, in soldati, sperare fedeltà..."* (p. 75)

Et sans dire à Despina qui ils sont vraiment, Don Alfonso lui présente deux de ses amis qui brûlent d'amour, dit-il, pour Fiordiligi et Dorabella et qui depuis longtemps espéraient s'approcher d'elles. On aura deviné que ce sont Guglielmo et Ferrando déguisés en Albanais, sous les ordres de Don Alfonso, bien sûr, qui leur a aussi donné pour mission de séduire chacun la fiancée de l'autre.

Les deux filles entrent sur ces entrefaites et s'en prennent à Despina : "Que font ici de pareilles gens ?" Et les jeunes gens commencent leur cour. Don Alfonso, sort de sa cachette et les présente comme de bons amis à lui, les meilleurs qu'il ait en ce monde et il implore Fiordiligi et Dorabella de bien les accueillir. (p. 97) Mais Fiordiligi dans un grand Air aussi précédé d'un Récitatif, veut les mettre à la porte et les assure qu'il n'y a rien à prétendre, qu'elle est ferme comme le roc et que son coeur ne peut changer (p. 95)

Don Alfonso intervient et essaie de calmer la colère des jeunes filles. Guglielmo chante : *"Non siate ritrosi..."* (p. 101)   Rien n'y fait. Elles sortent. Don Alfonso resté seul avec les deux Albanais, les voyant rire, leur en demande la raison. "Nous rions, mais bien sûr ! Nous savons déjà que vous parlez vainement. Elles resteront fidèles." Et c'est à Ferrando de chanter l'Air : *"Un'aura amorosa..."* (p. 107)

Les deux soeurs sont dans le jardin et se lamentent et Despina dit à Don Alfonso qu'elle va prendre l'affaire en main et comme tout ce que Despina entreprend ne manque pas de réussir, il faut lui faire confiance.

Voyant les deux soeurs aussi déterminées dans leur attitude, Ferrando et Guglielmo veulent mourir. Cela aussi fait partie du jeu. Don Alfonso feint de les en empêcher; cependant ils boivent un soi-disant poison. Ils s'écrasent sur le parquet et se tordent en convulsions, implorant la pitié des deux soeurs. Voilà

The three girls leave the room and Don Alfonso comes in, with the intention of putting Despina in the secret of the plot, promising her a little money, if she agrees to help him. The crafty Despina agrees to play the game Don Alfonso will make her play. From a chambermaid she will change to a doctor, and in the second act she will act as a notary, to finally come back to Despina, the chambermaid.

As soon as the regiment's ship has gone, the boys reappear disguised as Albanians, totally unrecognizable. They are prescribed by Don Alfonso, acting in collusion with Despina, to try to seduce each one the other's fiancés.

Don Alfonso tells Despina that they are burning of love for Fiordiligi and Dorabella and for a long time they were hoping to meet them.
The girls come in, scolding Despina, saying : "What are these people doing here ?" And the boys start their courtship. Don Alfonso who was hiding somewhere, appears and introduces the two Albanians as being his best friends in this world and he begs Fiordiligi and Dorabella to welcome them as nicely as possible. But Fiordiligi sings her Aria : *"Come scoglio..."* My heart is as firm as the rock (p. 95) and she wants to throw them out and assures them that they cannot pretend anything.

Don Alfonso tries to calm this anger and he sings : "It seems to me that a little kindness... after all they are my friends." (p. 97) Guglielmo singing his Aria : *"Non siate ritrosi"* (p. 101) does not succeed in persuading the girls. They are gone. The boys start to laugh. Don Alfonso wants to know the reason of this laughter. The reluctance of the girls makes the boys very confident and they think they have already won their bet. But Don Alfonso makes them realize that the 24 hours

qu'elles fléchissent un peu, prétendant suivre en
cela le conseil de Don Alfonso, qu'il est de leur
devoir humain de les secourir. Elles appellent Despina et lui demandent de chercher un médecin et
voici le deuxième rôle de Despina, qui revient déguisée en médecin. Elle change sa voix, nécessaire-
ment et elle emploie les moyens nouveaux découverts
par Mesmer et dont tout le monde parle à cette époque, le Magnétisme. Quelques applications de fer
aimanté et instantanément les Albanais sont guéris.
Mais alors ils redoublent leurs déclarations d'amour
et vont même jusqu'à demander des baisers. Cette
fois c'est est trop et les jeunes filles chantent en
duo : "Ah! on demande trop d'une amante fidèle et
honnête ; ma foi est outragée, outragé est mon
coeur! " (p. 132)

Et le premier acte se termine par un sextette :
(p. 133) Despina et Don Alfonso redisent leur confiance en l'infidélité des femmes, tandis que Guglielmo et Ferrando gardent encore espoir de gagner
leur pari, et les deux filles encore en colère
chantent : "Il sera trop tard pour vous repentir,
si ma fureur augmente".

are not ended ant that they are better wait before
shouting Victory. Ferrando sings : *"Un'aura amorosa"* (p. 108).

The two sisters are in the garden, weeping and
lamenting and Despina tells Don Alfonso : "Leave it
to me to handle the whole machine. When Despina
plots something it cannot fail."

Always following Don Alfonso's prescriptions, the
next move for the boys is to feign desperation and
to drink a so-called poison which throws them on
the floor, agitated with convulsions and imploring
the mercy of the girls. Don Alfonso tries to per-
suade the sisters that since these poor men are at
death's door, they should at least, show them a
little pity. They call Despina who rushes into
the room and they ask her to get a doctor and here
is the second role of Despina, coming back disguised as a doctor. She has to change her voice, of
course, and she uses the new curing method, disco-
vered lately by Mesmer. Instantly cured the Albanians stand up and try again their amorous tactics,
and this time as far as begging for kisses. This
is really too much, they are going too far; and the
two offended girls send the boys to the devil, and
together they sing : "It is too much to ask from a
devoted and honest lover ! This is an insult to
my faith and to my heart." (p. 132)

And the first act ends with a Sextet : Despina and
Don Alfonso singing that they know for sure that
so much fire will change into love, while Ferrando
and Guglielmo still have great hopes to win their
wager, and the two girls singing : "If my anger
grows, you shall repent, but too late."

La scène s'ouvre sur un Récitatif qui précède l'Aria de Despina : *"Una donna a quindici anni..."* (p. 142) par lequel elle incite ses deux patronnes à se divertir pendant l'absence de leurs fiancés et à accepter les avances des deux Albanais, ce qui d'ailleurs ne les engage à rien. Les deux soeurs finissent par céder et le duo suivant nous apprend qu'elles font leur choix. Dorabella chante : *"Prenderò quel brunettino, che più lepido mi par."* Et Fiordiligi à son tour chante : *"Ed intanto io col biondino vo un po' ridere e burlar."*

Don Alfonso vient inviter les jeunes filles à aller dans le jardin entendre la musique et y voir le spectacle. Les deux soeurs ne comprennent pas et Don Alfonso de leur dire : *"Tosto vedrete."* (p. 151) Et nous entendons les deux Albanais chantant une sérénade, demandant aux brises amicales de répondre à leurs désirs et de porter leurs soupirs à la déesse de leur coeur. Un choeur complète cette sérénade (p. 152).

Despina décide de parler aux garçons de la part des filles, tandis que Don Alfonso parlera aux filles de la part des garçons : (p. 156) "Donnez-moi la main main...) après quoi les deux complices quittent les lieux afin d'observer de loin ce qui va se passer, déclarant que ces deux jeunes filles sont plus fortes que le diable si elles ne tombent pas maintenant.

Fiordiligi invite Ferrando à aller marcher dans le jardin. Dorabella et Guglielmo en font autant, mais avant de sortir Guglielmo offre à Dorabella un coeur, qu'elle finit par accepter et ils chantent un duo : *"Il core vi dono."* (p. 165) Pendant ce duo, Guglielmo a passé au cou de Dorabella le coeur qu'il vient de lui offrir et subtilement lui a enlevé le médaillon qu'elle portait déjà : le portrait de Ferrando.

Fiordiligi est mal à l'aise et après avoir écouté les doléances de Ferrando, restée seule elle chante un

The curtain opens on a Recitative by Despina which precedes her Aria : *"Una donna a quindici anni..."* where she urges the girls to take a little diversion during the absence of their lovers and to accept the company of those Albanians. This pastime would take no meaning. They accept the courtship and in the next Duet they tell us that they are making their choice : *"Prenderò quel brunettino..."* (p. 149)

Don Alfonso comes to invite the girls to run into the garden, to hear the music. The sisters do not understand the meaning of all this noise but Don Alfonso explains : "You will soon see." And we can hear the two boys seranading : "Help, friendly breezes, help my wishes and carry my sighs to the goddess of my heart! You who have heard a thousand times the magnitude of my sorrow, repeat to my beloved all what you have heard." And a Chorus completes this Serenade.

Despina will talk to the boys while Don Alfonso will talk to the girls : (p. 157) *"Date a me la mano..."* Before leaving the room Despina and Don Alfonso sing : "They would be stronger than the devil if they do not yield now."

Fiordiligi invites Ferrando to take a walk in the garden. Dorabella and Guglielmo will do the same but before, Guglielmo offers a small gift to Dorabella : a heart and they sing a Duet : *"Il core vi dono"* and she answers : *"Lo prendo..."* (p. 165) Guglielmo puts the heart around Dorabella's neck and subrepticely he takes for himself Ferrando's portrait that she is wearing as a necklace.

Fiordiligi feels guilty, and after having listened to Ferrando's complaining, whence alone she declares with shame : "I am burning, but my ardour is not that of a virtuous love..." (p. 172).

Récitatif où elle déclare, toute honteuse : "Je brûle, mais mon ardeur n'est plus celle d'un amour vertueux..." (p. 177)

Ferrando raconte à Guglielmo qu'il n'a pas pu vaincre les sentiments de fidélité de sa fiancée et sur la question de Ferrando : *"E la mia Dorabella, come s'è diportata?"* (p. 178) Guglielmo lui dit que Dorabella n'a pas été aussi forte que Fiordiligi et qu'elle lui a même donné en gage, cette jolie miniature. Ferrando reconnaît son propre portrait et ne peut croire ce qu'il vient d'entendre. Dans sa colère il voudrait effacer de son coeur, la mémoire de cette traîtresse. Guglielmo chante ensuite un Air plein d'ironie : "Mesdames, vous jouez cette comédie à tant, et tant..." (p. 183) Ferrando crie son désarroi dans une Cavatine : *"Tradito, schernito..."* (p. 187) Il rend Don Alfonso responsable de ce qui lui arrive.

Fiordiligi déclare qu'elle est bien malheureuse : elle aime et ce n'est pas seulement Guglielmo qui a son amour. Dorabella qui vient de fléchir serait bien contente de voir sa soeur fléchir aussi et à la fin d'un Récitatif elle lui dit : *"Credi, sorella, è meglio che tu ceda."* (p. 197) et elle avoue dans l'Air suivant : *"È Amor un ladroncello, un serpentello."* et qu'elle ne peut plus résister, et elle conclut que Fiordiligi devrait aussi se laisser aller à ces nouvelles amours.

Cependant Fiordiligi plus forte, décide au contraire de rejoindre son fiancé à l'armée et elle enjoint Despina, qui n'y comprend rien d'ailleurs, de lui quérir deux épées, deux képis et deux uniformes d'officier que les fiancés ont laissés ici. Au moment où elle revêt l'uniforme, Ferrando qui a eu vent de sa décision lui assure que si elle met son projet à exécution, il en mourra de chagrin. (p. 207)

Fiordiligi le croit sincère, elle fléchit et lui dit : *Crudel, hai vinto. Fa di me quel che ti par."* (p. 208)

Ferrando is happy to tell Guglielmo that he has not succeed to make Fiordiligi yield. And to answer the question of Ferrando : *"E la mia Dorabella, come s'è diportata?"* (p. 178) Guglielmo is sorry to say that she has yielded and that she even gave him this nice miniature. Ferrando recognizes his own portrait and he sings that he would like to efface the memory of this wretched woman : *"Tradito, schernito"...* (p. 187) Guglielmo ironically sings : *"Donne mie la fate a tanti e tanti, e tanti..."* (p. 183) Ferrando keeps Don Alfonso responsible for all what is happening now.

Fiordiligi declares that she is very unhappy : she loves and her love is not Guglielmo only. Dorabella would be very happy to see her sister yield like her and at the end of a Recitative she tells her : *"Credi, sorella, è meglio che tu ceda."* (p. 197) and she sings : *"E Amor un ladroncello, un serpentello."* She is not able to resist any more and concludes that Fiordiligi should do the same and yield to this new love.

On the contrary Fiordiligi decides to join her fiancé at the wars and she orders Despina to bring her two swords, two helmets and two uniforms that the boys have left behind. But as she dresses Ferrando has heard of her plan and he claims that he will die if she puts her plan to reality. Fiordiligi believing him so sincere sings : "Crudel hai vinto. Fa di me quel che ti par." (p. 208)

Ferrando and Guglielmo, furious have to admit with Don Alfonso that : *"Così fan tutte."*

Despina proclaims that her young mistresses are ready to marry them, and that they asked her to find a notary. The notary will be Despina herself, disguised in notary. She reads the contract and

Ferrando et Guglielmo, furieux sont quand même obligés d'admettre avec Don Alfonso que : *Così fan tutte."*

Despina revient proclamer que ses jeunes maîtresses sont prêtes à les épouser. Elles l'ont chargée de trouver un notaire, ce qu'elle fait - et c'est elle-même déguisée en notaire, qui lit le contrat de mariage et au moment des signatures, on entend le même choeur que l'on entendit au premier acte lorsque les deux garçons sont partis.

Don Alfonso court à la fenêtre et revient en disant : *"Che caso orribile! io tremo, io gelo! Gli sposi vostri."* (p. 226) Confusion générale, consternation. Il faut cacher les deux Albanais. Les deux soldats, en uniformes d'officiers demandent à déposer leurs sacs dans la chambre adjacente. Ils y aperçoivent Despina : "Quoi un notaire ici?" *"No, signore, non è un notajo, è Despina mascherata."* (p. 231)

Et tout est découvert. Le contrat de mariage prouve que la trahison est complète. Les deux filles s'accusent et demandent la mort.
Ferrando et Guglielmo ayant suffisamment humilié leurs deux fiancées, ils revêtent de nouveau les costumes albanais et Ferrando chante : "Devant vous, s'incline le chevalier de l'Albanie." et Guglielmo : "A ma dame à moi, je remets le petit portrait pour le petit coeur." (p. 234)

Mais tout finit par s'arranger et le mariage a lieu pour de bon et l'opéra se termine par un grand finale : *"Fortunato è l'uom che prende ogni cosa pel buon verso e tra i casi e le vicende da ragion guidar si fa."* Heureux celui qui prend tout sur le bon côté et qui ne se laisse pas guider par les événements mais par la raison.

at the moment of the signature, is heard the same chorus we heard in the first act when the boys left.

Don Alfonso runs to the window to find out the reason of the drum roll, though he knows very well the meaning of this chorus, and he turns back to the girls saying that their fiancés are arriving. The two sisters are terrified and they indicate a room for the Albanians to hide.

As soon as they are hidden, Ferrando and Guglielmo in officers uniforms enter. They have put their bags in the adjacent room and have found Despina still wearing her notary's disguise.

Everything comes to light. The marriage contract proves of the betraying. The girls plead guilty and to die.
Ferrando and Guglielmo having humiliated the girls enough, they put on again the albanians' costumes and Ferrando sings : *"A voi s'inchina, bella Damina! il Cavaliere dell'Albania."*
Then Guglielmo, giving back the little heart to Dorabella, sings : *"Il ritrattino, pel coricino, ecco io le rendo Signora mia!"*

But everything comes to a happy ending and the wedding, the real one, takes place and the opera ends with a Grand Finale : *"Fortunato è l'uom che prende ogni cosa pel buon verso e tra i casi e le vicende da ragion guidar si fa."* Happy is the man who takes everything well and through the tribulations of life allows himself to be guided by logic.

INDEX DES AIRS, DUOS ET TRIOS
INDEX OF ARIAS, DUETS AND TRIOS

ACT I - 1er ACTE   5 - Solo :

ACT I - 1er ACTE	5 - Solo :	Don Alfonso *Vorrei dir...*	page 45
	11 - Solo :	Dorabella Réc. *Ah! scostati!...* Aria : *Smanie implacabili...*	page 69 page 69
	12 - Solo :	Despina *In uomini, in soldati...*	page 75
	14 - Solo :	Fiordiligi Réc. *Temerari...* Aria : *Come scoglio...*	page 94 page 95
	(15 - Solo* :	Guglielmo *Rivolgete a lui...)*	page 97
	15 - Solo :	Guglielmo *Non siate ritrosi...*	page 101
	17 - Solo :	Ferrando *Un' aura amorosa...*	page 108
	4 - Duo : Duet :	Fiordiligi, Dorabella *Ah! guarda sorella...*	page 40
	7 - Duettino : Petit Duo : Little Duet :	Ferrando, Guglielmo *Al fato dan legge* *quegli occhi...*	page 54
	1 - Terzetto : Trio :	Ferrando, Don Alfonso, Guglielmo *La mia Dorabella capace non è...*	page 29

---

* (N'est pas toujours chanté et n'apparaît même pas dans certaines éditions.)
  (This aria is not always sung and does not even appear in some editions.)

24

	2 – Terzetto : Trio :	Don Alfonso, Ferrando, Guglielmo *È la fede delle femmine...*	page 33
	3 – Terzetto: Trio :	Ferrando, Don Alfonso, Guglielmo *Una bella serenata...*	page 39
	10 – Terzettino : Petit Trio : Little Trio :	Fiordiligi, Dorabella, Don Alfonso *Soave sia il vento...*	page 63
	16 – Terzetto : Trio :	Ferrando, Guglielmo, Don Alfonso *E voi ridete...*	page 103
ACT II – 2e ACTE	19 – Solo :	Despina *Una donna a quindici anni...*	page 142
	24 – Solo :	Ferrando *Ah! lo veggio, quell'anima bella...*	page 172
	25 – Solo :	Fiordiligi Réc. *Ei parte...* Rondo : *Per pietà, ben mio...*	page 173 page 174
	26 – Solo :	Guglielmo *Donne mie, la fate a tanti...*	page 184
	27 – Solo :	Ferrando Réc. *In qual fiero contrasto...* Cavatine : *Tradito, schernito...*	page 187 page 188
	28 – Solo :	Dorabella *È Amor un ladroncello...*	page 198
	20 – Duetto : Duo : Duet :	Fiordiligi, Dorabella *Prenderò quel brunettino...*	page 149
	21 – Duetto con coro : Duo avec choeur : Duet with chorus :	Ferrando, Guglielmo *Secondate, aurette amiche...*	page 152

23 - Duetto :   Dorabella, Guglielmo
     Duo :   *Il core vi dono, bell'idol mio...*   **page 166**
     Duet :

29 - Duetto :   Fiordiligi, Ferrando
     Duo :   *Fra gli amplessi...*   **page 205**
     Duet :

30 - Terzetto :   Ferrando, Don Alfonso, Guglielmo
     Trio :   *Tutti accusan le donne...*   **page 214**

COSÌ FAN TUTTE

1. *Terzetto*
   Trio

FERRANDO

La mia	*Dorabella*	*capace*	*non è;*	*fedel*	
Ma	Dorabella	capable	n' est;	fidèle	
My	Dorabella	able	not is;	faithful	

quanto	*bella*	*il*	*cielo*	*la*	*fè.*
autant que	belle	le	ciel	la	fit.
as much as	beautiful	(the)	heaven	her	made.

Ma Dorabella n'en est pas capable; le ciel la fit aussi fidèle que belle.

My Dorabella would not do it; heaven has made her as faithful as she is beautiful.

GUGLIELMO

La mia	*Fiordiligi*	*tradirmi*	*non sa;*	*uguale*	
Ma	Fiordiligi	trahir	moi ne sait;	égales	
My	Fiordiligi	to betray me	not knows;	equally	

in lei	*credo*	*costanza e*	*beltà.*	
en elle	(je) crois	constance et	beauté.	
in her	(I) believe	constancy and	beauty.	

Ma Fiordiligi ne saurait me trahir; et je la crois aussi constante que belle.

My Fiordiligi could not betray me; I believe in her constancy as I admire her beauty.

DON ALFONSO

Ho	*i crini*	*già*	*grigi,*	*ex cathedra*	
(J') ai	les cheveux	déjà	gris,	ex cathedra	
(I) have	the hair	already	grey,	ex cathedra	

parlo, ma	*tali*	*litigi*	*finiscano quà.*		
(je) parle, mais	(que) telles	querelles	finissent ici.		
(I) speak, but	(may) such	dispute	finish here.		

J'ai déjà les cheveux gris, je parle *ex cathedra*, mais de telles querelles doivent cesser ici même.

My hair is already grey, I speak ex cathedra, but such dispute should end here.

FERRANDO e GUGLIELMO

No,	*detto ci*	*avete che*	*infide*	*esser*	*ponno,*	
Non,	dit vous	avez qu'	infidèles	être	peuvent,	
No,	said you	have that	unfaithful	to be	(they) can,	

provar	*cel'*	*dovete, se avete*	*onestà.*		
prouver	vous le devez	si (vous) avez	(de l') honnêteté.		
to prove	you it must,	if (you) have	honesty.		

Non, vous avez dit qu'elles peuvent être infidèles; si vous êtes honnête vous devez nous le prouver.

No; you have said that they can be unfaithful; if you are honest, you must prove it.

DON ALFONSO

Laissons tomber de telles preuves.	*Tai prove lasciamo.* Telles preuves laissons. Such proof let us leave out.	Let us dispense with such proof.

FERRANDO e GUGLIELMO

Non, non, nous les voulons; ou sortez votre épée et c'est l'amitié rompue.	*No, no, le vogliamo, o fuori* Non, non, (nous) les voulons, ou hors No, no, (we) (it) want, or out (with) *la spada, rompiam l' amistà.* l' épée, rompons l' amitié. the sword, let us break the friendship.	No, no, we want proof or out with your sword and then our friendship is broken.

DON ALFONSO

Oh! quelle idée!	*O! pazzo desire!* Oh! fou désir! Oh mad desire!	Oh! mad idea!

FERRANDO e GUGLIELMO

Il me touche sur le vif, celui-là qui laisse échapper de sa bouche un mot qui lui fasse tort.	*Sul vivo mi tocca, chi lascia di* Sur le vif me touche, qui laisse de To the quick me touches, who allows from (his) *bocca sortire un accento, che torto le fa.* bouche sortir un mot, qui tort lui fait. mouth issue a word, that wrong to her makes.	He touches me to the quick, he who allows his lips to utter one word that would do her wrong.

DON ALFONSO

Pourquoi chercher à découvrir ce mal qui une fois trouvé nous rend malheureux	*Cercar di scoprire quel mal che trovato meschini* Chercher à découvrir ce mal qui trouvé malheureux To seek to discover that wrong which found unhappy *ci fa.* nous fait. us makes.	Why must we try to discover the wrong that would make us unhappy if found.

Recitativo
Récitatif
Recitative

GUGLIELMO

Sortez votre épée! Choisissez celui qui de vous deux vous plaît le plus	*Fuor la spada!* · *Scegliete qual di noi*	Out with your sword! Take your choice between the two of us.
	Hors l' Choisissez celui qui de nous	
	Out the sword! Choose the one that of us	

più vi piace.
plus vous plaît.
more to you pleases.

DON ALFONSO

Je suis un homme paisible et je ne me bats en duel qu'à table.	*Io son uomo di pace e duelli non fo,*	I am a peaceful man and I do not fight unless at table.
	Je suis homme de paix et duels (je) ne fais,	
	I am man of peace and duels (I) not do,	

se non a mensa.
sinon à table.
if not at table.

FERRANDO

Il faut alors ou bien vous battre, ou bien nous dire tout de suite pourquoi vous soupçonnez nos amantes capables d'être infidèles?	*O battervi, o dir subito, perchè*	You must fight then or tell us right away why you suspect our beloved of unfaithfulness?
	Ou vous battre, ou dire tout de suite, pourquoi	
	Or you fight, or say right away, why	
	d'infedeltà le nostre amanti sospettate	
	d'infidélité nos amantes (vous) soupçonnez	
	of unfaithfulness our beloved (you) suspect	

capaci.
capables.
able.

DON ALFONSO

Chère naïveté, comme tu me plais!	*Cara semplicità quanto mi piaci!*	O simplicity, how dear you are to me!
	Chère simplicité combien (tu) me plais!	
	Dear simplicity how (you) to me please!	

Cessez de badiner,
ou je vous jure
par le ciel -

FERRANDO

Cessate di scherzar, o   giuro al cielo -
Cessez de badiner, ou (je) jure au ciel -
Stop   to joke,   or (I) swear to heaven -

Stop joking, or I
swear, by heaven -

Et moi, je jure par
la terre, que je ne
badine pas, mes
amis : je voudrais
seulement savoir de
quelle race sont
vos belles; ont-
elles comme nous
tous de la chair,
des os et de la
peau, mangent-elles
comme nous, portent-
elles des jupes,
enfin sont-elles
des déesses ou des
femmes?

DON ALFONSO

Ed io,   giuro alla   terra,   non scherzo,
Et moi, (je) jure à la terre, (je) ne badine,
And I, (I) swear to the earth, (i) not joke

amici   miei : solo   saper   vorrei
amis   miens : seulement savoir (je) voudrais
friends mine : only   to know (I) would like

che   razza d'animali son queste vostre
quelle race d'animaux sont ces   vôtres
what   race of animals are these your

belle,   se han come tutti noi carne,
belles,   si ont comme tous nous chair,
beautifuls, if have like all of us flesh,

ossa   e   pelle, se   mangian come noi,
os,   et peau, si (elles) mangent comme nous,
bones, and skin, if (they) eat   like us,

se   veston gonne, alfin se dee,
si   revêtent jupes, enfin si déesses,
if (they) wear   skirts, at last if goddesses,

se donne   son.
si femmes (elles) sont.
if women (they) are.

And I too swear, by
the earth, that I
am not joking my
friends : though I
would only like to
know what kind of
women are your belo-
ved; do they have
flesh, bones and
skin like all of us,
do they eat like us,
do they wear skirts;
finally are they
goddesses, or women?

Ce sont des femmes,
mais quelles femmes!

FERRANDO e GUGLIELMO

Son   donne, ma son tali!
Ce   sont des femmes : mais sont telles!
(They) are   women : but are such (women)!

They are women, but
such perfect women!

Et vous prétendez trouver de la fidélité chez les femmes? Comme tu me plais, chère naïveté!

DON ALFONSO

E   in donne   pretendete di trovar
Et en femmes (vous) prétendez de trouver
And in women (you) pretend   to find

fedeltà?   Quanto   mi   piaci mai,   semplicità!
fidélité?   Combien (tu) me plais,   simplicité!
faithfulness? How   to me (you) please ever, simplicity!

And you pretend to find faithfulness in women? How I love you, o dear simplicity!

2. Terzetto
Trio

La fidélité des femmes est comme le Phénix arabe; chacun dit qu'il existe, personne ne sait où il est.

DON ALFONSO

È   la fede delle femmine come l'Araba
Est la foi   des   femmes comme l'Arabe
Is the faith of   women as   the Arabian

Fenice; che vi   sia, ciascun
Phénix; qu'il y   soit, chacun le dit,
Phoenix; that (it) is,   everyone it says,

dove   sia, nessun   lo sa.
où   qu'il soit, personne le sait.
where it   is,   nobody   it knows.

The faithfulness of women is like the Arabian Phoenix; everyone says that it does exist but nobody knows where it is.

Ma Dorabella est un Phénix.

FERRANDO

La Fenice è   Dorabella.
Le Phénix est Dorabella.
The Phoenix is Dorabella.

My Dorabella is a Phoenix.

Ma Fiordiligi est un Phénix.

GUGLIELMO

La Fenice è   Fiordiligi.
Le Phénix est Fiordiligi.
The Phoenix is Fiordiligi.

My Fiordiligi is a Phoenix.

Ni Dorabella, ni Fiordiligi ne l'a jamais été, ni ne le sera jamais.

DON ALFONSO

Non è   questa, non è   quella,
N'est pas celle-ci, n'est pas celle-là,
Not is this,   not is that,

Neither Dorabella, nor Fiordiligi has ever been or will ever be a Phoenix.

non   fu mai,   non   vi sarà.
ne (le) fut jamais, ne (le) y   sera.
not   was ever, not (it) will be.

2. *Recitativo*
    Récitatif
    Recitative

FERRANDO

Stupidités de   *Scioccherie di poeti!*   A poet's stupidity!
poètes!   Stupidités de poètes!
                       Stupidities of poets!

GUGLIELMO

Sottises de   *Scempiaggini di vecchi!*   An old man's follies!
vieillards!   Sottises   de vieux!
                        Follies   of old men!

DON ALFONSO

Eh bien, écoutez-   *Or bene,   udite,   ma   senza andar in collera :*   Well, now, listen
moi sans vous fâcher.   Maintenant écoutez, mais sans   aller en colère :   to me without flying
Quelle preuve avez-   Now   listen, but without flying into a passion :   into a passion.
vous de la fidélité   What kind of proof
de vos bien-aimées?   *ognor   costanti vi   sien   le vostre amanti;*   have you of the
Qu'est-ce qui vous   toujours constantes vous soient vos   amantes;   faithfulness of your
fait croire que   always   faithful   to you be   your   lovers;   beloved? What made
leurs coeurs sont   you believe that
constants!   *chi vi   fè   sicurtà, che invariabili sono*   their hearts will
                        qui vous fait sécurité, qu' invariables sont   never change?
                        what you made safety,   that unchangeable are

                        i lor cori?
                        leurs coeurs?
                        their hearts?

FERRANDO

Une longue expé-   *Lunga esperienza.*   Long-time experien-
rience.   Longue expérience.   ce.
                        Long   experience.

GUGLIELMO

Une belle éducation.

Nobil educazion.
Noble éducation
Noble education.

Their very fine
upbringing.

FERRANDO

Leur façon de pen-
ser est sublime.

Pensar   sublime.
Penser   sublime.
Thinking sublime.

Their sublime thin-
king.

GUGLIELMO

Elles ont un carac-
tère analogue.

Analogia   d'umor.
Egalité   d'humeur.
Identical sense of humour.

Their identical
sense of humour.

FERRANDO

Elles sont désin-
téressées.

Disinteresse.
Désinteressement.
Disinterestedness.

They are unselfish.

GUGLIELMO

Elles jouissent
d'un caractère
égal.

Immutabil   carattere.
Immutabilité (de) caractère.
Unchangeable   character.

Their unchangeable
character.

FERRANDO

Promesses.

Promesse.
Promesses.
Promises.

Their promises.

GUGLIELMO

Protestations.

Proteste.
Protestations.
Protestations.

Their protestations.

FERRANDO

Serments.

Giuramenti.
Serments.
Vows.

Their vows.

DON ALFONSO

Pleurs, soupirs
caresses, évanouis-
sements, laissez-
moi rire.

Pianti, sospir, carezze, svenimenti,
Pleurs, soupirs, caresses, évanouissements,
Tears, sighs, caresses, swoons,

lasciatemi un po' ridere.
laissez-moi un peu rire.
let me a little laugh.

Tears, sighs, cares-
ses, swoons; let me
laugh.

FERRANDO

Dame! cessez de
rire de nous.

Cospetto! finite di deriderci.
Malepeste! finissez de rire de nous.
Good heaven! stop to laugh of us.

Good heaven! stop
laughing.

DON ALFONSO

Tout doux! Et si
aujourd'hui même
je vous faisais
toucher du doigt
qu'elles sont
comme les autres?

Pian piano : e se toccar con mano oggi
Tout doux : et si toucher avec (la) main aujourd'hui
Gently : and if touch with hand to-day

vi fo che come l' altre sono?
(je) vous fais que comme les autres (elles) sont?
you make that like the others (they) are?

Gently! and suppose
I should prove to
you, today, that
they are like all
the others?

GUGLIELMO

C'est impossible!

Non si può dar!
Ne se peut être!
Not it can be!

It is impossible.

FERRANDO

Ce n'est pas
possible!

Non è.
N'est (pas).
Not is.

It can not be.

DON ALFONSO

Voulons-nous
parier?

Giochiam!
Jouons!
Let us bet!

Shall we bet on it?

FERRANDO

Parions!

Giochiamo!
Jouons!
Let us bet!

Let us bet!

DON ALFONSO

Cent sequins (sous).	*Cento zecchini.* Cent sequins (sous). Hundred sequins.	One hundred sequins.

GUGLIELMO

Mille si vous voulez.	*E mille, se volete.* Et mille, si vous voulez. And thousand, if you wish.	One thousand, if you wish.

DON ALFONSO

Parole d'honneur!	*Parola.* Parole. (My) word.	My word of honour!

GUGLIELMO

Parole d'honneur deux fois!	*Parolissima.* Plus sincère parole. My very word.	My word of honour twice!

DON ALFONSO

Et jurez-moi de ne rien dire de tout ceci à vos Péné- lopes; pas un signe, pas un mot, pas un geste.	*E un cenno, un motto, un gesto, giurate di* Et un signe, un mot, un geste, jurez de And a sign, a word, a gesture, swear to *non far di tutto questo alle vostre Penelopi.* ne pas faire de tout ceci à vos Pénélopes. not do of all this to your Penelopes.	Now, swear not to tell your Penelopes anything of this plot; not a sign, not a word, not a gesture.

FERRANDO

Nous le jurons.	*Giuriamo.* (Nous) jurons. (We) swear.	We swear.

DON ALFONSO

Parole d'honneur de soldats.	*Da soldati d'onore.* Foi de soldats (idiomatique). Word of honour of soldiers.	The word of honour of a soldier.

GUGLIELMO

Nous le jurons en tant que soldats.

Da soldati d' onore.
De soldats d' honneur (mot à mot).
From soldiers of honour.

The word of honour of soldiers.

DON ALFONSO

Et vous ferez tout ce que je vous dirai de faire.

E tutto quel farete ch'io vi dirò
Et tout cela (vous) ferez que je vous dirai
And all what (you) will do what I to you will tell

di far.
de faire.
to do.

And you will do everything I ask you to do.

FERRANDO

Tout!

Tutto!
Tout!
Everything!

Everything!

GUGLIELMO

Absolument tout!

Tuttissimo!
Absolument tout!
Every single thing!

Every single thing!

DON ALFONSO

Absolument braves!

Bravissimi!
Très braves!
Very brave!

How very brave you are!

FERRANDO e GUGLIELMO

Absolument brave!
Monsieur Don Alfonsetto!

Bravissimo! Signor Don Alfonsetto!
Bravissimo! Monsieur Don Alfonsetto!
Bravissimo! Sir Don Alfonsetto!

Bravissimo! Sir Don Alfonsetto!

FERRANDO

Nous allons nous divertir à vos dépens.

A spese vostre or ci divertiremo.
A dépens vôtres maintenant nous (nous) divertirons.
To expenses yours now we (ourselves) will divert.

We are going to have fun at your expense.

Et que ferons-nous de ces cent sequins?

GUGLIELMO

E de' cento zecchini che faremo?
Et des cent sequins que ferons-nous?
And of the hundred sequins what will we do?

And what are we going to do with these hundred sequins?

3. *Terzetto.*
   Petit trio.
   Little trio.

Je vais chanter une belle sérénade à ma déesse.

FERRANDO

Una bella serenata far io voglio alla mia dea.
Une belle sérénade faire je veux à ma déesse.
A nice serenade to do I wish to my goddess.

To my goddess, I will sing a beautiful serenade.

Je vais préparer un festin en l'honneur de Cythère.

GUGLIELMO

In onor di Citerea un convito io voglio far.
En honneur de Cythère un festin je veux faire.
In honour of Citerea a banquet I wish to make.

I shall prepare a banquet in honour of Citerea.

Y serai-je invité?

DON ALFONSO

Sarò anch'io de' convitati?
Serai aussi moi parmi les invités?
Will be also me among the guests?

Will I be among the guests?

Bien sûr, monsieur, que vous serez invité.

FERRANDO e GUGLIELMO

Ci sarete, si Signor.
(Vous) y serez, oui monsieur.
(You) there will be, yes Sir.

Of course, Sir, you will be invited.

Et quels toasts nombreux nous allons porter au dieu de l'amour.

FERRANDO e GUGLIELMO e DON ALFONSO

E che brindis replicati far vogliamo
Et quels toasts répétés faire voulons
And what toasts repeated make (we) wish

al dio d'amor.
au dieu d'amour.
to the god of love.

And many toasts we shall propose to the god of love.

4. *Duetto*
   Duo
   Duet

FIORDILIGI

Ah! vois ma soeur, s'il est possible de trouver ailleurs une plus jolie bouche, une plus noble prestance.	*Ah! guarda sorella, se bocca più bella,* Ah! regarde soeur, si bouche plus belle, Ah! look sister, if mouth more beautiful *se aspetto più nobile si può ritrovar.* si aspect plus noble on peut retrouver. if stature more noble one can find.	Ah! look sister, is it possible to find more beautiful lips, a more noble stature?

DORABELLA

Regarde un peu, toi aussi, observe le feu de son regard! Ses yeux ne semblent-ils pas lancer des dards?	*Osserva tu un poco, osserva che foco ha ne'* Observe toi un peu, observe quel feu (il) a dans les Observe you a little, observe what fire (he) has in the *sguardi! se fiamma, se dardi non sembran scoccar.* regards! si flamme, si dards ne semblent lancer. eyes! if flames, if darts not seem to launch.	Observe the fire in the eyes of this man! Do they not seem to launch darts!

FIORDILIGI

Il a un visage à la fois guerrier et amant.	*Si vede un sembiante guerriero ed amante!* On voit un visage guerrier et amant? One sees a face (of) warrior and lover!	The warrior and lover share the same face.

DORABELLA

On y voit un visage qui attire et menace tout à la fois.	*Si vede una faccia che alletta e minaccia.* On voit une face qui attire et menace. One sees a face that attracts and threatens.	Here is a face that both attracts and threatens.

FIORDILIGI

Heureuse je suis!	*Felice son io!* Heureuse suis-je! Happy am I!	I am happy.

Je suis heureuse!

DORABELLA

Io sono felice!
Je suis heureuse!
I am happy!

I am happy!

Si jamais le désir
de mon coeur chan-
geait, que l'amour
me fasse souffrir
pendant ma vie.

FIORDILIGI e DORABELLA

Se questo mio core   mai   cangia   desio,
Si ce   mon coeur jamais change (de) désir,
If this my heart ever changes   desire,

    amore mi faccia   vivendo penar.
que l'amour me fasse en vivant souffrir.
may love   me make   living suffer.

If ever my heart's
desire should change,
may love make me
suffer while I am
still alive.

4. *Recitativo*
   Récitatif
   Recitative

Il me semble que
ce matin, je ferais
volontiers la pe-
tite folle! Je
sens un certain
feu, un certain
picotement dans
les veines, si tu
savais quelle
blague je vais lui
faire quand il va
venir.

FIORDILIGI

Mi   par   che stamattina volontieri   farei
Me semble que ce matin volontiers (je) ferais
To me seems that this morning willingly (I) would do

la pazzarella!   ho   un certo   foco,
la petite folle!   (j')ai   un certain feu,
the little naughty girl! (I) have a certain fire,

un certo   pizzicor . entro le vene...   quando
un certain picotement dans les veines... quand
a certain pinching   in   the veins... when

Guglielmo viene... se sapessi   che   burla
Guglielmo vient... si tu savais   quelle farce
Guglielmo vient... if you would know what   joke

It seems to me that
this morning I am
likely to play the
naughty little girl!
I feel in my veins
and in my heart a
certain fire, a
certain prickle; if
only you knew what
kind of joke I will
play on him when he
comes.

gli   vo   far.
(je) lui   veux faire.
(I) to him wish to do.

DORABELLA

Pour te dire vrai, j'éprouve aussi quelque chose de nouveau dans mon âme; je jurerais que nous ne sommes pas loin des noces.	*Per dirti il vero qualche cosa di nuovo* Pour te dire la vérité quelque chose de nouveau To tell you the truth something new *anch'io nell'alma provo, io giurerei che* aussi moi dans l'âme (j')éprouve, je jurerais que also I in the soul feel, I would swear that *lontane non siam da gli Imenei.* loin (nous) ne sommes des Hymens. far (we) not are from the Hymens.	To tell you the truth, I also have a new feeling in my soul; I swear we are not far from the wedding.

FIORDILIGI

Donne-moi ta main : je veux y lire ton avenir : Ah! quel beau M! et ceci est un P : tout va bien : Mariage preste (bientôt).	*Dammi la mano : io voglio astrologarti :* Donne-moi la main : je veux lire ton astrologie : Give me the hand : I want to read your astrology : *Ah! che bell'Emme! e questo è un Pì;* Ah! quel beau M! et ceci est un P; Ah! what (a) beautiful M! and this is a P; *va bene : Matrimonio Presto.* (ça) va bien : Mariage preste. (it) goes well : Marriage soon.	Ah! what a beautiful M; and this is a P : everything is fine : Matrimonio Presto (wedding soon).

DORABELLA

Ma foi, j'en aurais le goût.	*Affé, che ci avrei gusto.* Ma foi, que (j') y aurais goût. Upon my word, that (I) it would like.	Upon my word, I would like it.

FIORDILIGI

Quant à moi je n'en serais pas fâchée.	*Ed io non ci avrei rabbia.* Et je n'en aurais colère. And I not would have anger.	I would not be sorry about it at all.

DORABELLA

	Ma	che	diavol	vuol	dir	che	i nostri	sposi
Comment diable! se fait-il que nos (futurs) époux tardent à venir? Il est déjà six heures.	Mais	que	diable	veut	dire	que	nos	époux	Why are our fiancés so late? It is already six o'clock.
	But	what	devil	means		that	our	spouses	

ritardano	a	venir?	Son	già	le	sei.
retardent	à	venir?	Il	est déjà		six heures.
delay		in coming?	It	is	already	six o'clolk.

FIORDILIGI

Les voici.	*Eccoli.* Les voici. Here (are) they.	Here they are.

DORABELLA

Ce n'est pas eux; c'est leur ami Don Alfonso.	*Non son essi : è Don Alfonso l'amico lor.* Ne sont (pas) eux : (c'est) Don Alfonso leur ami. Not are they : (it) is Don Alfonso their friend.	It is not they, but their friend, Don Alfonso.

FIORDILIGI

Bienvenu Monsieur Don Alfonso.	*Ben venga il Signor Don Alfonso.* Bienvenu Monsieur Don Alfonso. Welcome Sir Don Alfonso.	Welcome, Sir Don Alfonso.

DON ALFONSO

Je vous salue.	*Riverisco.* Mes respects. I salute you.	I salute you.

DORABELLA

Qu'y a-t-il? Pourquoi êtes-vous venu seul? Vous pleurez? De grâce, parlez! Est-il arrivé quelque chose? A mon amoureux peut-être?...	*Cos' è? perchè qui solo? voi piangete?* Qu'y a-t-il? pourquoi ici seul? vous pleurez? What is it? why here alone? you cry? *parlate per pietà! che cosa è nato? d'amante...* parlez de grâce! qu'est-il arrivé? d'amant... speak by mercy! what thing is born? of lover...	What is the matter? Why did you come alone? You are weeping? Please speak! What has happened? Does it concern my lover?

FIORDILIGI

A mon idole.	*L'idol mio...* L'idole mienne... The idol mine...	My darling...

DON ALFONSO

Sort barbare!	*Barbaro fato!* Barbare sort! Cruel fate!	Horrible fate!

5. *Aria*
   Air
   Aria

DON ALFONSO

Je voudrais vous dire, mais n'en ai pas le courage; mes lèvres balbutient, ma voix ne peut pas sortir de ma gorge. Elle reste à moitié chemin. Qu'allez-vous faire? Que vais-je faire? Oh! Quel malheur! rien de pire ne pouvait arriver; j'ai pitié de vous et j'ai pitié d'eux.					I do not have the heart to tell you what I came here for; my lips are stammering, my voice can not come out, but chokes half way. What are you going to do? What will I do? Oh! what a destiny! Nothing worse could have happened! I pity you and I pity them.

Vorrei   dir,   e   cor   non ho,
(Je) voudrais dire et coeur (je) n' ai,
(I) would like to say and heart (I) not have,

balbettando il labbro va - fuor la voce
balbutiant   la lèvre va - hors la voice
stammering   the lips go - out the voice

us<u>cir</u> non può - ma mi   resta mezza   quà.
sortir ne peut - mais me   reste à moitié ici.
come   not can - but (to) me stays half   here.

Che farete?   che farò?   Oh! che
Que ferez-(vous)? que ferai-(je)? Oh! quelle
What will (you) do? what will (I) do? Oh! what

gran fatalità! dar di peggio non si può, ah!
grande fatalité! être de pire ne se peut, ah!
great fate!   to be worst   not one can, ah!

    ho di voi, di lor pietà.
(j')ai de vous, d'eux pitié.
(I) have of you, of them pity.

5. *Recitativo*
   Récitatif
   Recitative

FIORDILIGI

Voyons! de grâce, Monsieur Alfonso, ne nous faites pas mourir!		Heavens! for goodness sake, Signor Alfonso, do not make us die waiting!

Stelle! per carità, Signor   Alfonso, non
Etoiles! par charité, monsieur Alfonso, ne
Stars!   by charity, Sir   Alfonso, (do) not

ci   fate   mo__rir!__
nous faites mourir!
us   make   die!

DON ALFONSO

Il faut vous prépa-
rer à beaucoup de
constance, mes-
demoiselles.

Convi__en__   ar__ma__rvi,   figlie mie,
Il est nécessaire armer vous,   filles miennes,
It is necessary   arm yourselves, daughters of mine,

di   costanza.
de   constance.
with   constancy.

My ladies, you will
have to prepare your-
selves to be constant.

DORABELLA

Oh! dieux! Qu'est-
il arrivé de si
terrible! Mon
bien-aimé est
peut-être mort?

Oh! Dei!   qual male è addivenu__to__ mai,   qual
Oh! dieux! quel mal est survenu   (jamais), quel
Oh! gods! what ill has arrived   ever,   what

caso   rio?   forse   è   morto il mi__o__ bene?
événement coupable? peut-être est mort mon   bien-aimé?
event   guilty?   maybe   is dead my   beloved?

Oh! gods! What has
happened that is so
horrible? Perhaps
my beloved is dead?

FIORDILIGI

Le mien est-il
mort?

È   morto il mi__o__?
Est mort le mien?
Is dead mine?

Is mine dead?

DON ALFONSO

Ils ne sont pas
morts, mais peu
s'en faut.

Morti non son,   ma poco men che morti.
Morts ne sont (pas), mais peu moins que morts.
Dead not are,   but little less than dead.

They are not dead,
but almost.

DORABELLA

Ils sont blessés?

Feriti?
Blessés?
Wounded?

Are they wounded?

DON ALFONSO

Non.

No.
Non.
No.

No.

FIORDILIGI

Ils sont malades?	*Ammalati?* Malades? Sick?	Are they sick?

DON ALFONSO

Non plus.	*Neppur.* Non plus. No more.	No.

FIORDILIGI

Alors qu'est-ce que c'est?	*Che cosa dunque?* Qu'y a-t-il donc? What is it then?	What is it, then?

DON ALFONSO

Un édit royal les appelle au camp militaire.	*Al marzial campo ordin regio li chiama.* Au Champ-de-Mars ordre royal les appelle. To the drill-ground order royal them calls.	By royal order, they are called to the drill-ground.

FIORDILIGI e DORABELLA

Hélas! Qu'entends- je?	*Ohimè! che sento?* Hélas! qu'entends-je? Alas! what do I hear?	Alas! What have I heard?

FIORDILIGI

Et ils vont partir?	*E partiran?* Et partiront? And will go?	And they will go?

DON ALFONSO

Tout de suite.	*Sul fatto.* Sur le fait. Right now.	Right away.

DORABELLA

N'y a-t-il pas un moyen de les en empêcher?	*E non v'è modo d' impedirlo?* Et n'est pas (une) façon de l'empêcher? And not there is (a) way to stop it?	Isn't there any way to prevent them from leaving?

DON ALFONSO

Il n'y en a aucun.

Non v'è.
Il n'y en a (pas).
None is.

There is none.

FIORDILIGI

Sans un seul adieu?

Nè un solo addio?
Ni un seul adieu?
Nor a sole farewell?

Without any farewell?

DON ALFONSO

Les malheureux n'ont pas le courage de se présenter devant vous; mais si vous le désirez vraiment, ils sont prêts...

Gil infelici non hanno coraggio di vedervi;
Les malheureux n'ont pas (le) courage de voir vous;
The unhappy (ones) not have (the) courage to see you;

ma se voi lo bramate, son pronti...
mais si vous le désirez, sont prêts...
but if you it wish, (they) are ready...

The poor boys do not have the courage to see you; but if you insist, they are here and ready...

DORABELLA

Où sont-ils?

Dove son?
Où sont-(ils)?
Where are (they)?

Where are they?

DON ALFONSO

Mes amis, entrez!

Amici, entrate!
Amis, entrez!
Friends, come in!

My friends, come in.

6. *Quintetto*
   Quintette
   Quintet

GUGLIELMO

Sento,		*o*	*Dio!*	*che*	*questo piede è*	
(Je) sens,		oh	Dieu!	que	ce pied est	
(I) feel,		oh	God!	that	this foot is	

Oh mon Dieu! je
sens que mon pied
refuse d'avancer.

restio   nel   girlo   avante.
rétif   dans le   tourner   en avant (avancer).
stubborn in   the turning   forward.

Oh God! my foot
refuses to go forward.

FERRANDO

Il mio labbro palpitante non può   detto pronunziar.
Ma   lèvre   palpitante   ne peut (un) mot   prononcer.
My   lips   palpitating   not can (a) word   pronounce.

Mes lèvres trem-
blantes n'arrivent
pas à prononcer un
mot.

My trembling lips
can not utter a word.

DON ALFONSO

Nei   momenti i   più   terribili sua
Dans les moments les plus   terribles sa
In   the moments most   terrible its

C'est dans les mo-
ments les plus dif-
ficiles que le héros
manifeste ses vertus.

virtù l' Eroe palesa!
vertu le héros révèle (manifeste)!
virtue the hero reveals!

It is in the most
terrible moments that
a hero shows his
strength.

FIORDILIGI e DORABELLA

Or   ch'abbiam   la nuova   intesa,
Maintenant que (nous) avons la nouvelle appris,
Now   that (we) have the news   heard,

Maintenant que nous
connaissons la nou-
velle, il ne vous
reste qu'une chose
à faire, soyez cou-
rageux et dans nos
deux poitrines en-
foncez ce poignard.

a voi resta a fare il meno, fate core,
à vous reste à faire le moins, soyez courageux,
to you remains to do the least, be courageous,

Now that we have
heard the news, we
ask you to be brave
and the least you
can do is to plunge
this dagger into our
bosoms.

a   entrambe   in   seno   immergeteci
à   toute les deux dans (le) sein, enfoncez-y
to both   in (the) bosom, plunge

l' acciar.
le poignard.
the dagger.

FERRANDO e GUGLIELMO

Ma chérie! c'est
le sort qu'il faut
accuser, si je dois
t'abandonner.

Idol mio!   la sorte incolpa, se   ti
Idole mienne! le sort accuse, si (je) te
Idol mine!   the fate accuse, if (I) you

My darling, destiny
alone is guilty, if
I must abandon you.

deggio abbandonar!
dois   abandonner!
must   abandon!

DORABELLA

Ah! non, non, tu ne
partiras pas!

Ah! no, no,   non partirai!
Ah! non, non, (tu) ne partiras (pas)!
Ah! no, no, (you) not will leave!

Ah! no, no, you
will not go!

FIORDILIGI

Non, cruel, tu ne
t'en iras pas.

No, crudel,   non te n'andrai!
Non, cruel, (tu) ne t'en iras (pas)!
No, cruel, (you) not   will go!

No, cruel one, you
will not leave me!

DORABELLA

Je vais avant
m'arracher le coeur!

Voglio   pria   cavarmi   il core!
(Je) veux d'abord m'arracher   le coeur!
(I) want before tear myself the heart!

I should tear my
heart out before!

FIORDILIGI

Avant que tu ne par-
tes, je vais mourir
à tes pieds!

Pria   ti vo'   morire ai   piedi!
Avant (je) te veux   mourir aux   pieds!
Before (I) want   to die at your feet!

I should die at
your feet, before I
let you go!

FERRANDO

(à Don Alfonso)	*(Cosa dici?)*	(to Don Alfonso)
(Qu'en dis-tu?)	(Qu'en dis-tu?)	(What do you think
	(What do you say?)	of it?)

GUGLIELMO

(Tu te rends compte?)	*(Te n'avvedi?)*	(Do you see?)
	(Tu te rends compte?)	
	(You realize?)	

DON ALFONSO

(Tiens bon, ami, le	*(Saldo amico, finem lauda!)*	(Hold on, friend,
succès est au bout!)	(Tiens bon ami, le succès est à la fin!)	success is at the
	(Hold on, friend, the success is at the end!)	end!)

FIORDILIGI – DORABELLA
DON ALFONSO – FERRANDO e GUGLIELMO

Le destin frustre	*Il destin cosi defrauda, le speranze*	The hopes of mortals
ainsi les espoirs des	Le sort ainsi frustre les espérances	are thus frustrated;
mortels; ah! avec	The fate so frustrates the hopes	ah! who can still
tant de maux, qui		love life among such
peut aimer la vie!	*de' mortali; ah! chi mai fra tanti*	calamities?
	des mortels; ah! qui jamais parmi tant de	
	of the mortals; ah! who ever among so many	
	mali, chi mai può la vita amar?	
	maux, qui jamais peut la vie aimer?	
	wrongs, who ever can (the) life love?	
	chi? chi? chi? chi? chi? Chi può mai	
	qui? qui? qui? qui? qui? Qui peut jamais	
	who? who? who? who? who? Who can ever	
	la vita amar?	
	la vie aimer?	
	(the) life like?	

6. *Recitativo*
   Récitatif
   Recitative

GUGLIELMO

Ne pleure pas, ma chérie!	*Non piangere, idol mio!* Ne pleure pas, idole mienne! Do not cry, idol mine!	Do not cry, my love!

FERRANDO

Ne te désespère pas ainsi, mon épouse adorée!	*Non disperarti, adorata mia sposa!* Ne pas te désespérer, adorée mon épouse! Not you to despair, adored my spouse!	Do not lose hope like this, my beloved wife!

DON ALFONSO

Laissez-les pleurer; elles ont raison.	*Lasciate lor tal sfogo: è troppo giusta* Laissez-leur telle effusion: est trop justifiée Leave them such outlet: is too justified *la cagion di quel pianto.* la raison de ce pleur. the reason of that tear.	Allow them to weep; they have a good reason.

FIORDILIGI

Qui sait si je ne te reverrai jamais?	*Chi sa, s' io più ti veggio?* Qui sait si je plus te vois? Who knows if I (no) more you see?	Who knows if I shall ever see you again?

DORABELLA

Qui peut dire si tu reviendras?	*Chi sa, se più ritorni?* Qui sait si plus reviens? Who knows if (no) more come back?	Who can ever tell if you will come back?

FIORDILIGI

Laisse-moi ton épée : elle pourrait m'être utile si un sort aussi barbare était réservé à ce cher coeur.	*Lasciami questo ferro : ei mi dia* Laisse-moi cette épée : (qu')elle me donne Leave me this sword : (may) it to me give *morte se mai barbara sorte in quel seno* la mort si jamais (un) barbare sort dans ce sein death if ever barbarious fate in this bosom *a me caro...* à moi cher... to me dear...	Leave me your sword : in case a horrible fate should befall you, my dear soul; I would kill myself.

DORABELLA

Je n'ai pas besoin d'épée, je mourrais de douleur.	*Morrei di duol, d'uopo non ho d'acciaro.* Je mourrais de douleur, besoin (je) n'ai (pas) d'épée. I would die from pain, need not have (I) a sword.	I need no sword, I would die from sorrow.

FERRANDO e GUGLIELMO

Voyons, mon âme, ne me fais pas ces terribles présages! Mes jours seront protégés par les dieux pour la paix de ton coeur.	*Non farmi, anima mia, quest'infausti presagi!* Ne me fais (pas), âme mienne, ces terribles présages! Not make to me, soul mine, these unlucky prophecies! *Proteggeran gli Dei la pace del tuo cor* Protegeront les dieux la paix de ton coeur Will protect the gods the peace of your heart *ne' giorni miei.* dans les jours miens. in the days mine.	Do not make such terrible presages! The gods will protect our days for the peace of your heart.

7. *Duettino*
   Petit duo
   Little duet

FERRANDO e GUGLIELMO

Ces charmants yeux
font la loi au des-
tin; l'Amour les
protège et même
les mauvaises
étoiles n'oseront
pas déranger leur
repos. D'un oeil
serein, regarde-
moi; ma bien-aimée,
tout heureux,
j'espère te revenir.

Al fato   dan   legge quegli occhi vezzosi;
Au destin donnent loi   ces   yeux charmants;
To fate   give   law   those eyes charming;

Amor li   protegge nè i loro riposi le barbare
Amour les progège ni leur repos les barbares
Love them protects nor their rest   the barbarous

stelle ardiscon turbar.   Il ciglio sereno,
étoiles osent   déranger (troubler). Le cil serein,
stars   dare   disturb.   The lash serene,

mio bene,   a me gira;   felice al tuo
ma bien-aimée, vers moi tourne; heureux à ton
my beloved,   to me turn;   happy to your

seno io spero tornar.
sein j'espère retourner.
breast I hope to come back.

These charming eyes
regulate destiny;
love protects them
and no evil star
would dare disturb
their rest. Look
at me, my beloved,
with serene eyes;
happy I hope to come
back to you.

7. *Recitativo*
   Récitatif
   Recitative

DON ALFONSO

(La comédie est
amusante et tous
les deux jouent
bien leur rôle.)

(La commedia è graziosa, e tutti due fan
(La comédie est gracieuse, et tous deux font
(The comedy is gracious, and both   play

ben la loro parte.)
bien leur partie.)
well their part.)

(The comedy is funny
and they both play
their parts very
well.)

FERRANDO

O ciel! voici le
son du tambour
fatal, qui vient
me séparer de mon
trésor.

O cielo! questo è il *tamburro funesto,*
O ciel! ceci est le tambour funeste,
O heaven! this is the drum fatal,

che a divider mi vien dal mio tesoro.
qui à séparer moi vient de mon trésor.
that to separate me comes from my treasure.

Oh! heaven! this is
the fatal drum, that
would separate me
from my darling.

DON ALFONSO

Mes amis, voici
la barque.

Ecco amici, la barca.
Voici amis, la barque.
Here is friends, the boat.

Friends, here is the
boat.

FIORDILIGI

Je me sens défail-
lir.

Io manco.
Je faiblis.
I faint.

I feel faint.

DORABELLA

Je meurs.

Io moro.
Je meurs.
I die.

I am dying.

scena V

8. *Coro*
   Choeur
   Chorus

Quelle belle vie que
la vie militaire!
Chaque jour on dé-
ménage, aujourd'hui
loin, demain plus
près, tantôt sur
la terre et tantôt
sur la mer.

Bella vita militar! *Ogni dì si cangia*
Belle vie militaire! Chaque jour on change
Nice life military! Every day one changes

loco   oggi   molto   doman   poco
de lieu, aujourd'hui beaucoup, demain   peu
place,   to-day   much,   to-morrow little,

ora   in terra ed or   sul   mar.
aujourd'hui sur terre et demain sur la mer.
to-day   on earth and to-morrow on the sea.

How wonderful is the
soldier's life!
Every day one changes
places; to-day we go
far away, to-morrow,
nearer; sometimes by
land and sometimes
by sea.

Le son des trom-
pettes et des fi-
fres, la décharge
des fusils et les
bombes, tout cela
accroît la force des
bras et l'esprit ne
songe qu'à triompher.

Il fragor di   trombe   e pifferi, lo
Le fracas des   trompettes et fifres, la
The noise of the trumpets   and fifes, the

sparar   di   schioppi e   bombe, forza
décharge des   fusils   et (les) bombes, force
discharge of the guns   and (the) bombs, strenght

accresce al   braccio, e all'anima   vaga
accroît au   bras,   et à l'âme (qui) rêve
augments to the arm,   and to the mind (that) dreams

sol   di trionfar.
seulement à triompher.
only   to triumph.

The sound of trumpets
and fifes, the dis-
charge of the guns,
and the noise of the
bombs give more
strength to the arm
and the mind has but
one dream : to win
the war.

8. *Recitativo*
Récitatif
Recitative

DON ALFONSO

Il ne reste plus | *Non v'è più tempo, amici, andar conviene,* | There is no more time,
de temps, mes amis, | Il n'y a plus de temps, amis, aller il faut, | my friends, you must
il faut aller où | There is no more time, friends, to go one must, | go where destiny and
nous invitent le | | duty invite you.
destin et le devoir. | *ove il destino, anzi il dover v'invita.* |
 | où le destin, plutôt le devoir vous invite. |
 | where destiny, better (the) duty you invites. |

FIORDILIGI

Mon coeur! | *Mio cor!* | My heart!
 | Mon coeur! |
 | My heart! |

DORABELLA

Mon idole! | *Idolo mio!* | My idol!
 | Idole mienne! |
 | Idol mine! |

FERRANDO

Ma bien-aimée! | *Mio ben!* | My beloved!
 | Ma bien-aimée! |
 | My beloved! |

GUGLIELMO

Ma vie! | *Mia vita!* | My life!
 | Ma vie! |
 | My life! |

FIORDILIGI

Ah! un seul instant
de plus.

Ah! per un sol momento.
Ah! pour un seul moment.
Ah! for a sole moment.

Ah! for only one
moment more.

DON ALFONSO

La barque de votre
régiment est déjà
partie, il vous
faut la rejoindre
avec quelques autres
amis qui vous atten-
dent sur une plus
légère embarcation.

Del vostro reggimento già è partita la
De votre régiment déjà est partie la
Of your regiment already is gone the

The boat of your
regiment has already
left, you must join
her with some other
friends who are
waiting for you
aboard a lighter
boat.

barca, raggiungerla convien coi pochi
barque, la rejoindre il faut avec les quelques
boat, to reach her you must with the few

amici che su legno più lieve attendendovi
amis qui sur embarcation plus légère attendant vous
friends who on a boat lighter awaiting you

stanno.
sont.
stand.

FERRANDO e GUGLIELMO

Embrasse-moi, ma
chérie!

Abbracciami, idol mio!
Embrasse-moi, idole mienne!
Kiss me, idol mine!

Kiss me, my darling!

FIORDILIGI e DORABELLA

Je me meurs de
chagrin!

Muojo d' affanno.
Je meurs de chagrin.
I die from sorrow.

I am sad to death!

9. *Quintetto*
   Quintette
   Quintet

FIORDILIGI

Jure-moi, amour de ma vie, de m'écrire tous les jours! A moi seule, sois fidèle! Adieu!

Di scrivermi ogni giorno, giurami vita mia!
De m'écrire chaque jour, jure-moi vie mienne!
To write me every day, swear me life mine!

sii costante a me sol! Addio!
sois constant à moi seule! Adieu!
be faithful to me alone! Farewell!

My love, swear that you will write me every day! Be faithful to me only! Farewell!

DORABELLA

Ecris-moi deux fois plus si tu peux; reste fidèle! Adieu!

Due volte ancora tu scrivimi se puoi,
Deux fois plus tu m'écris si tu peux,
Two times more you write me if you can,

serbati fido! Addio!
garde-toi fidèle! Adieu!
keep you faithful! Farewell!

Write to me two times more if you can! Remain faithful! Farewell!

FERRANDO

Sois-en certaine, ô ma chérie, Adieu!

Sii certa, o cara! Addio!
Sois certaine, ô chère! Adieu!
Be sure, oh dear! Farewell!

You can be sure, my darling! Farewell!

GUGLIELMO

N'en doute pas, ma bien-aimée! Adieu!

Non dubitar, mio bene! Addio!
Ne doute (pas), ma bien-aimée! Adieu!
Do not doubt, my beloved! Farewell!

No doubt, my beloved! Farewell!

DON ALFONSO

Je dois rire, sinon je vais crever!

Io crepo se non rido.
Je crève si (je) ne ris.
I die if (I) do not laugh.

If I do not laugh, I shall die!

FERRANDO e GUGLIELMO
DORABELLA e FIORDILIGI

Mon coeur se dé- chire, ma belle idole! Adieu! Adieu!	*Mi si divide il cor, bell' idol mio!* A moi se divise le coeur, belle idole mienne! To me divides the heart, sweet idol of mine!				My heart is tortured, my beautiful idol! Farewell! Farewell!

Addio!   Addio!
Adieu!   Adieu!
Farewell! Farewell!

DON ALFONSO

Je vais mourir si je n'éclate de rire!	*Io crepo se non rido.* Je crève si (je) ne ris. I die if (I) do not laugh.	I shall die if I do not laugh.

8. *Coro*
    Choeur
    Chorus

Bella vita militar!   ecc.
Belle vie militaire!   etc.
Nice life military!   etc.

9. *Recitativo*
    Récitatif
    Recitative

DORABELLA

Où sont-ils?

Dove   son?
Où   sont-(ils)?
Where are (they)?

Where are they?

DON ALFONSO

Ils sont partis.

Son   partiti.
(Ils) sont partis.
(They) have gone.

They have gone.

FIORDILIGI

Oh! la très
cruelle tristes-
se du départ!

Oh! di   partenza crudelissima, amara!
Oh! d'un départ   très cruel,   amer!
Oh! of a departure very cruel,   bitter!

Oh! the cruel bitter-
ness of a departure!

DON ALFONSO

Courage, mes
chères filles;
regardez, de loin
vos futurs époux
vous font signe
de la main.

Fate   core,   carissime figliuole; guardate,
Prenez courage, très chères filles;   regardez,
Be   courageous, very dear girls;   look,

da   lontano   vi   fan cenno con   mano
de   loin   (ils) vous font signe avec la main
from afar   (they) to you make signal with the hand

i   cari sposi.
les chers époux.
the dear husbands.

Be brave, my dear
girls; look, from
afar, your fiancés,
are waving their
hands at you.

FIORDILIGI

Bon voyage, amour de ma vie!	*Buon viaggio, mia vita!* Bon voyage, ma vie! Good trip, my life!	Have a good trip, my love!

DORABELLA

Bon voyage!	*Buon viaggio!* Bon voyage! Good trip!	Have a good trip!

FIORDILIGI

Oh! dieux! comme cette barque s'en va vite! Elle disparaît déjà! Déjà on ne la voit plus! Ah! fasse le ciel que sa course soit heureuse.	*Oh! Dei! come veloce se ne va quella barca!* Oh! dieux! comme vite s'en va cette barque! Oh! gods! how fast is going that boat! *già sparisce! già non si vede più!* déjà disparaît! déjà ne se voit plus! already disappears! already not can see more! *Deh! faccia il cielo ch'abbia prospero corso.* Ah! fasse le ciel qu' elle ait prospère cours. Ah! may do the heaven that she has prosperous course.	Oh! gods! look how fast the boat is going! she has already disappeared! We cannot see her any more. Ah! may heaven bless her course!

DORABELLA

Fasse le ciel qu'elle arrive au camp sous d'heureux auspices.	*Faccia che al campo giunga con fortunati* Fasse qu'au camp arrive sous d'heureux May be that at the camp arrive under happy *auspici.* auspices. auspices.	Pray heaven that she reaches cam without mishap!

DON ALFONSO

Et que nous reviennent sains et saufs vos amants et mes amis.	*E a voi salvi gli amanti, e a me gli amici.* Et à vous sauve les amants, et à moi les amis. And to you save the lovers, and to me the friends.	And that your lovers return safely to you and my friends to me.

10. *Terzettino*
   Petit trio
   Little trio

DORABELLA - FIORDILIGI - DON ALFONSO

Que le vent soit doux, que la mer soit calme et que tous les éléments répondent à nos désirs!	*Soave sia* Suave soit Soft be	*il* le the	*vento, tranquilla sia* vent, tranquille soit wind, quiet	*l'onda* l'onde be the wave			May the wind be gentle, the sea calm and may all the elements comply with our wishes!

ed et and	*ogni* chaque every	*elemento* élément element	*benigno* bénin small	*risponda* réponde answer	*ai nostri* à nos to our	*desir!* désirs! wishes!

Recitativo
Récitatif
Recitative

DON ALFONSO

French	Italian (word-by-word)	English

Je ne suis pas
mauvais comédien!
Tout va bien; mes
deux héros de Vénus
et de Mars vont
m'attendre en un
lieu désigné; main-
tenant il me faut
les rejoindre sans
tarder. Que de
minauderies, que de
bouffonneries!
Tant mieux pour
moi, elles vont
tomber (dans le
panneau) plus faci-
lement.

Non   son cattivo comico!   va bene; al con-
Ne (je) suis mauvai comédien! (ça) va bien; au dé-
Not (I) am   bad   comedian! (all) is well; at the de-

certato loco   i   due campioni di Ciprigna e   di
signé   endroit les deux champions de Vénus   et de
cided   place   the two champions of Venus   and of

Marte mi staranno attendendo; or   senza
Mars me seront à attendre;   maintenant sans
Mars me will   expect;   now   without

indugio, raggiungerli   conviene. Quante
retard, les rejoindre (il) convient. Que de
delay,   to join them (I) must.   So many

smorfie,   quante buffonerie!   Tanto
minauderies, que de bouffonneries!   Tant
faces,   so many buffooneries!   So much

meglio per me, cadran   più facilmente :
mieux pour moi, tomberont plus facilement:
better for me, will fall more easily :

I am not a bad come-
dian! All is well!
my two heroes of
Venus and Mars will
be waiting for me in
a certain place. Now
I must join them
without delay. Such
grimaces, such clown-
ing! So much the
better for me, they
will fall (into my
trap) more easily.

Cette sorte de gens
est la plus preste
à changer d'humeur.
Oh! les pauvres
petits! jouer
cent sequins sur
une femme?

questa razza di gente è la più presta a
cette race de gens est la plus vive   à
this   kind of people is the most fast to

cangiarsi   d'umore. Oh! poverini!   per
changer   d'humeur. Oh! pauvres petits!   pour
change   (its) humour. Oh! poor little ones! for

This kind of people
can change humour
very fast. Oh! the
poor little ones!
to bet a hundred se-
quins on a woman?

Il sillonne la mer,
il sème sur le sa-
ble et il espère
prendre le vent
dans ses filets,
celui qui fonde ses
espoirs sur un
coeur de femme.

femmina	_giocar_	_cento_	_zecchini?_	_Nel_	_mare_
une femme	jouer	cent	sequins?	Sur la	mer
a	woman	gamble	hundred	sequins?	On the sea

solca,	_e_	_nell'arena_	_semina,_	_e_	_il_	_vago_
sillonne,	et	dans l'arène	sème,	et	le	gentil
plougheth,	and	in the arena	soweth,	and	the	gentle

vento,	_spera_	_in_	_rete_	_accogliere_	_chi_
vent,	espère	en ses	filets	accueillir	celui qui
wind,	hopes	in his	nets	to receive	he who

fonda	_sue_	_speranze_	_in_	_cor_	_di_	_femmina._
fonde	ses	espoirs	dans un	coeur	de	femme.
founded	his	hopes	in	a	heart of	a woman.

He plougheth upon the
sea and soweth on the
sand and he hopes to
capture the wind in
his net he who builds
his hopes on a woman's
heart.

scène VIII

Récitativo
Récitatif
Recitative

DESPINA

Quelle maudite vie
que d'être femme
de chambre! Du ma-
tin au soir on agit,
on sue, on travaille
et de tout cela rien
n'est pour nous. Il
y a une demi-heure
que je fouette ce
qui est maintenant
devenu le chocolat
et ce qui me reste
à moi c'est de le
sentir sans y goû-
ter. Ma bouche
n'est peut-être pas
comme la vôtre?
Oh! chères dames,
pourquoi devrais-
je vous donner l'es-
sence et garder pour
moi l'odeur?

Che vita maledetta è il far la cameriera!
Quelle vie maudite est faire la camériste!
What life dammed (it) is to do the chambermaid!

dal mattino alla sera si fa, si suda,
du matin au soir on agit, on sue,
from morning to night one acts, one perspires,

si lavora, e poi di tanto che si fa,
on travaille, et puis de tant que l'on fait,
one works, and then of so much that one does,

nulla è per noi. E mezza ora che
rien est pour nous. Il y a une demi-heure que
nothing is for us. It is half an hour that

sbatto, il cioccolatte è fatto, ed a me
(je) fouette, le chocolat est fait, et à moi
(I) whip, the chocolate is made, and to me

tocca restar ad odorarlo a secca bocca?
appartient (de) rester le sentir à sèche bouche?
belongs to stay at smelling it with dry mouth?

non è forse la mia come la vostra?
n'est peut-être la mienne comme la vôtre?
not is maybe mine like yours?

o garbate signore! che a voi dessi l'essenza
ô gracieuses dames! que à vous (je) donne l'essence
oh! gracious ladies! that to you (I) give the essence

What a damned life
to be a chambermaid!
From morning to night
hurrying, perspiring,
working and there is
nothing left for us
when all is done.
For half an hour I
have been whipping :
the chocolate is ready
and what is (for)
left to me? The
smell without the
taste. Perhaps my
mouth is not like
yours? Oh! why
should I ladies give
you the taste and keep
for me the smell? By
Bacchus, I will taste
it : how good it is!

Par Bacchus, je vais
y goûter : que c'est
bon! Voici des
gens! oh ciel! ce
sont mes patronnes.

e	*a*	*me*	*l'*	*odore?*	*par Bacco,*	*vo assaggiarlo :*
et	à	moi	l'	odeur?	par Bacchus,	je vais y goûter :
and	to	me	the	odour?	by Bacchus,	I will taste it :

com'è		*buono!*	*Vien*	*gente!*	*oh ciel!*	
comme	(c')est	bon!	Voilà (des)	gens!	oh ciel!	(ce)
how	(it)is	good!	Here come	people!	oh heaven!	(it)

son	*le*	*padrone...*
sont	les	patronnes...
is	the	mistresses...

Somebody is coming.
Oh! heaven! My
mistresses!

DESPINA

Mesdames voici vo- tre goûter. Diantre! que fai- tes-vous?	*Madame ecco la vostra collazione.* Mesdames voici votre collation. Ladies here is your tea-time. *cosa fate?* que faites-vous? what do you do?	*Diamine!* Diable! The Deuce!	Ladies, here is your snack. The Deuce! What are you doing?

FIORDILIGI

Ah!	Ah!		Ah!

DORABELLA

Ah!	Ah!		Ah!

DESPINA

Qu'est-il arrivé?	*Che cosa è nato?* Qu'est-(il) arrivé? What has happened?		What has happened?

FIORDILIGI

Où y a-t-il un poi- gnard?	*Ov'è è un acciaro?* Où y a-t-il un poignard? Where is a dagger?		Where is a dagger?

DORABELLA

Où y a-t-il un poi- son?	*Un veleno, dov' è* Un poison, où est-(il)? A poison, where is (it)?		Where is a poison?

DESPINA

Patronnes, laissez- moi vous dire!...	*Padrone dico.* Patronnes voici. Mistresses I tell you.		Mistresses, let me tell you.

11. *Recitativo e aria*
   Récitatif et air
   Recitative and aria

DORABELLA

Ah! éloigne-toi crains le triste effet d'un sentiment désespéré. Ferme ces fenêtres; je hais la lumière, je hais l'air que je respire, je me hais moi-même! Qui se moque de ma douleur? Qui pourrait me consoler? Allons, va-t-en de grâce, fuis, fuis, va-t-en de grâce, laisse-moi seule!	Ah! go away from me, observe the sad effect of a desperate love! Close the windows; I hate light, I hate the air that I breathe, I hate myself! Who scoffs at my sorrow? Who would console me? Ah! leave me, for pity's sake! leave me alone.

Ah! scostati, paventa il tristo effetto d'un
Ah! éloigne-toi, crains le triste effet d'un
Ah! go away, fear the sad effect of a

disperato affetto. Chiudi quelle finestre,
désespéré amour. Ferme ces fenêtres,
desperate love. Close those windows,

odio la luce, odio l' aria che spiro,
(je) hais la lumière, (je) hais l' air que (je) respire,
(I) hate (the) light, (I) hate the air that (I) breathe,

odio me stessa! Chi schernisce il mio duol?
(je) hais moi-même! Qui raille ma douleur?
(I) hate myself! Who mocks my suffering?

Chi mi consola? Deh, fuggi, per pietà!
Qui me console? Ah! fuis, par pitié!
Who me consoles? Ah! fly away, by pity!

fuggi! fuggi! fuggi per pietà! lasciami
fuis! fuis! fuis par pitié! laisse-moi
fly away! fly away! fly away by pity! leave me

sola!
seule!
alone!

Fureurs implacables qui agitez mon âme, ne cessez plus (de me tourmenter) jusqu'à ce que je meure d'angoisse.	Oh! inexorable rages which trouble my soul! Do not cease until anguish kills me.

Smanie implacabili, che m' agitate, entro quest'-
Fureurs implacables, qui m' agitez, dans cette
Rages inexorables, which me agitate, inside this

anima, più non cessate, finchè   l'angoscia
âme,   plus ne cessez, jusqu'à ce que l'angoisse
soul,   no more cease, until   anguish

Par le son horri-   mi fa   morir.   Esempio misero   d' amor
ble de mes soupirs,   me fasse mourir. Exemple misérable d' amour
quel misérable exem- me makes die.   Example miserable of love
ple d'amour funeste,
je donnerai aux   funesto,   darò   all' Eumenidi, se viva
Euménides si je con- funeste, (je) donnerai   aux   Euménides, si vivante
tinue à vivre.   fatal,   (I) shall give to the Eumenides, if alive

If I remain alive,
what a miserable
example of fatal
love shall I give
to the Eumenides
with the horrible
sound of my sighs.

                          resto, col   suono orribile de' miei sospir.
                      (je) reste, avec le son   horrible de mes soupirs.
                      (I) remain, with the sound horrible of my   sighs.

12. Recitativo
     Récitatif
     Recitative

DESPINA

Madame Dorabella,   Signora Dorabella, Signora Fiordiligi, ditemi,
Madame Fiordiligi,   Madame Dorabella, Madame Fiordiligi, dites-moi,
dites-moi donc ce   Madam   Dorabella, Madam   Fiordiligi, tell me,
qui vous arrive?

Madam Dorabella,
Madam Fiordiligi,
tell me what has
happened to you?

                     che cosa è   stato?
                     qu'   est-(il) arrivé?
                     what   has   happened?

DORABELLA

Oh! malheur af-   Oh! terribil disgrazia!
freux!   Oh! terrible malheur!
                     Oh! terrible misfortune!

Oh! terrible mis-
fortune!

DESPINA

Dépêchez-vous, tout de suite.	*Sbrigatevi in buon'ora.* Dépêchez-vous à l' instant. Make haste in this moment.	Tell me the sad tidings right away!

FIORDILIGI

Nos amants ont quitté Naples.	*Da Napoli partiti sono gli amanti nostri.* ·De Naples partis sont les amants nôtres. From Naples gone have the lovers ours.	Our lovers have left Naples.

DESPINA

C'est tout? Ils vont revenir.	*Non c' è altro? ritorneran.* Il n'y a rien d'autre? (ils) reviendront. Not there is anything else? (they) will come back.	Is that all? They will come back.

DORABELLA

Qui sait?	*Chi sa!* Qui sait! Who knows!	Who knows?

DESPINA

Comment, qui sait? Où sont-ils allés?	*Come chi sa? dove son iti?* Comment qui sait? où sont-ils allés? How who knows? where have they gone?	What do you mean, who knows? Where have they gone?

DORABELLA

Au champ de batail-le.	*Al campo di battaglia.* Au camp de bataille. To the field of battle.	To the battlefield.

DESPINA

Tant mieux pour eux : ils vous reviendront couverts de lauriers.	*Tanto meglio per loro : li vedrete tornar* Tant mieux pour eux : (vous) les verrez revenir So much better for them : (you) them will see return	So much the better for them : you will see them coming back laden with laurels.

carchi   d'   alloro
couverts de   lauriers.
covered with laurels.

FIORDILIGI

Mais ils peuvent
aussi périr.

Ma   ponno anche périr.
Mais (ils) peuvent aussi périr (mourir).
But (they) can   also die.

But they can also
die.

DESPINA

Dès lors c'est tant
mieux pour vous.

Allora poi tanto meglio per voi.
Dès lors   tant   mieux pour vous.
Then   so much better for you.

Then, so much the
better for you.

FIORDILIGI

Sotte, que dis-tu?

Sciocca,   che dici?
Sotte,   que dis-tu?
Stupid one, what say you?

You stupid thing,
what are you saying?

DESPINA

La pure vérité : si
vous en perdez deux,
tous les autres
vous restent.

La pura verità : due   ne perdete, vi   restan
La   pure vérité : deux en perdez, vous   restent
The pure truth : two (you) lose,   to you remain

But they can also
die.

The real truth : you
lose two, and all the
others remain.

tutti gli altri.
tous les autres.
all   the others.

FIORDILIGI

Ah! si je perds
Guglielmo, il me
semble que je vais
mourir.

Ah! perdendo Guglielmo, mi pare   ch' io morrei!
Ah! perdant Guglielmo, me semble que je mourrais!
Ah! losing   Guglielmo, to me seems that I would die!

Ah! if I should lose
Guglielmo, I think
I would die!

DORABELLA

Ah! si je perds Ferrando, il me semble que j'irais m'ensevelir vivante.

Ah!	Ferrando	perdendo,	mi par	che	viva
Ah!	Ferrando	perdant,	(il) me semble	que	vivante
Ah!	Ferrando	losing,	(it) to me seems	that	alive

a	seppellirmi	andrei.
pour	m'ensevelir	(j')irais.
to	bury myself	(I) would go.

Ah! if I should lose Ferrando, I think I would bury myself alive.

DESPINA

Très bien, il vous semble, mais ce n'est pas vrai : il n'y a pas encore de femme qui soit morte d'amour. Mourir pour un homme! Il y en a d'autres qui compensent sa perte.

Brave,	vi par,	ma non è	ver :	ancora
Très bien,	vous semble,	mais n'est (pas)	vrai :	encore
Clever (girls),	to you seems,	but not is	true :	yet

ancora	non vi fu		donna che	d'amor	sia morta.
encore (il)	n'y a pas	eu de	femme qui	d'amour	soit morte.
yet		not was	women that	from love	be dead.

Per	un uomo	morir!	altri ve n'hanno,	che
Pour	un homme	mourir!	d'autres il y en a,	qui
For	a man	to die!	others there are,	who

compensano il	danno.
compensent la	perte.
compensate the	loss.

Well, you think so, but it is not true : no woman yet has died from love. To die for a man! there are other men to compensate the loss.

DORABELLA

Et tu crois qu'elle pourrait aimer un autre homme, celle qui a eu pour amant un Guglielmo, un Ferrando.

E	credi	che	potria	altro uom	amar,	chi s'ebbe
Et (tu)	crois	que	pourrait	autre homme	aimer,	qui eut
And (you)	believe	that	could	other man	love,	who had

per	amante un Guglielmo,	un Ferrando.
pour	amant un Guglielmo,	un Ferrando.
for	lover a Guglielmo,	a Ferrando.

And you believe that she could love another man, who had a lover such as Guglielmo, or Ferrando.

DESPINA

Les autres hommes ont eux aussi tout ce que ceux-ci pos-

Han	gli altri	ancora	tutto	quello ch'	han
Ont	les autres	encore	tout	ce qu('ils)	ont
Have	the others	still	all	what (they)	have

All other men have what these two have you love a man to-

sèdent; vous aimez
un homme maintenant,
puis vous en aimerez
un autre, l'un vaut
l'autre, parce qu'en
vérité aucun n'a de
valeur; mais ne
parlons pas de cela,
ils sont encore vi-
vants, et vivants ils
reviendront, mais ils
sont loin et plutôt
que de perdre votre
temps à pleurer vai-
nement pensez à vous
divertir.

---

essi,   un uom adesso   amate, un altro
eux (aussi), un homme maintenant (vous) aimez, un autre
them (also), a man   now   (you) love, another

*   n'amerete, uno val   l' altro, perchè   nessun*
(vous) en aimerez, un vaut   l' autre, parce que aucun
(you) will love,   one is worth the other, because none

val   nulla; ma non parliam di ciò,   sono
vaut   rien;   mais ne parlons de cela, ils sont
is worth nothing; but not talk   of this, they are

ancor vivi, e   vivi   torneran;   ma son
encore vivants, et vivants reviendront; mais sont
still alive, and alive will come back; but are

lontani, e più tosto che in vani pianti perdere il
loin,   et plutôt   que en vains pleurs perdre le
far,   and rather than in vain tears to lose (the)

tempo, pensate a divertirvi.
temps, pensez à divertir vous.
time, think   to entertain yourselves.

---

day, you will love
another one to-morrow,
one is worth the
other because none
are worthwhile : but
let us not talk about
it. They are still
alive and they will
come back alive, but
they are far away and
instead of losing
your time weeping
for nothing, think of
enjoying yourselves.

FIORDILIGI

Nous divertir?

Divertirci?
Divertir vous?
Enjoy   yourselves?

Enjoying ourselves?

DESPINA

Certes oui, et il
n'y a rien de
mieux à faire que
de faire l'amour
comme des déchaî-
nées; c'est d'ail-
leurs ce que vont
faire vos chers
amants au camp.

Sicuro,   e   quel ch'è   meglio far
Certainement, et c'est ce qu'il y a de mieux, faire
Surely,   and that is   better make

all'amor come   assassine, e   come faranno al
l'amour comme (des) déchaînées, et comme feront au
love   like   mad,   and as   will do at the

Of course; there is
no better remedy than
make love like mad
and that is what your
dear lovers will do
at camp.

campo, *i vostri cari amanti.*
camp, vos chers amants.
field, your dear lovers.

DORABELLA

N'insulte pas ain-
si ces belles
âmes, exemples de
fidélité, d'amour
pur.

Non offender cosï quelle alme belle di
N'offense pas ainsi ces âmes belles de
Do not offense thus these souls beautiful of

fedeltà, d' intatto amore esempi.
fidélité, d' intact amour exemples.
faithfulness, of untouched love examples.

Do not insult those
good souls, such
examples of faith-
fulness and pure love.

DESPINA

Allons, allons,
le temps est passé
de débiter ces fa-
bles aux enfants.

Via, via, passaro i tempi da spacciar
Allons, allons, passèrent les temps à débiter
Well, well, passed the time to spread

queste favole ai bambini.
ces fables aux enfants.
those fables to children.

Well, well, gone are
the days when we
could tell such sto-
ries to children.

12. *Aria*
Air
Aria

DESPINA

Espérer de la fi-
délité chez les
hommes, chez les
soldats? Que per-
sonne ne vous en-
tende dire de telles
folies! Ils sont

In uomini, in soldati, sperare
Dans (les) hommes, dans (les) soldats, espérer
In men, in soldiers, to hope

fedeltà! Non vi fate sentir,
(de la) fidélité! Ne nous faites pas entendre,
(for) constancy! Do not make us hear,

In men, in soldiers,
to hope for constancy!
Do not make us hear
such stupid things!
Everyone has the same
nature. The moving
leaves and the chan-

tous de même pâte.
Les feuilles qui
bougent et l'air
changeant sont en-
core plus stables
que les hommes.
Larmes feintes, faux
regards, voix déce-
vantes, mensonges
charmants, sont leur
plus grandes qualité.

per carità!   *Di pasta simile*   *son*
de grâce!   De pâte   semblable   sont
for mercy!   Of paste   alike   are

tutti quanti : le fronde mobili, l' aure
tous :   les feuilles mobiles, les vents
all :   the leaves   movables, the winds

incostanti han più degli uomini stabilità.
inconstants ont plus que les hommes stabilité.
changeable have more than   men   firmness.

Mentite lagrime, fallaci sguardi, voci
Feintes larmes, faux   regards, voix
False tears, false   looks,   voices

ingannevoli, vezzi bugiardi, son le primarie
décevantes, charmes menteurs, sont les premières
deceiving, charming lies,   are the primaries

    lor qualità.
(de) leurs qualités.
(of) their attributes.

En nous ils n'ai-
ment que leur plai-
sir, puis ils nous
dédaignent, nous
refusant l'amour, et
cela ne vaut pas la
peine de demander la
piété de ces barbares.

In noi   non amano che il lor diletto, poi ci
En nous (ils) n' aiment que leur plaisir, puis nous
In us   do not love but their delight, then us (they)

dispregiano, neganci affetto, nè val
dédaignent, nous niant affection, ni ne vaut
despise,   denying us sentiment, nor is worth from

da' barbari chieder pietà.
des barbares demander la pitié.
the cruel (one) ask   for pity.

Nous, femmes, payons
de la même monnaie
cette race maléfique
et indiscrète : ai-
mons à loisir, par

Paghiam, o femmine, d' ugual moneta questa
Payons, ô femmes, d' égale monnaie cette
Let us pay, o women, by same money this

geable winds are more
constant than men.
False tears, false
looks, deceiving voi-
ces, charming lies,
these are the prin-
cipal qualities of
men.

All they like in us
is their enjoyment,
then they despise us
and it is not worth-
while to ask for pity
from these cruel men.

We women should pay
this pernicious and
indiscret race with
the same money; let
us love by necessity,

vanité, aimons à
loisir par vanité...

malefica   razza indiscreta : amiam   per comodo,
maléfique race indiscrète : aimons   par utilité
pernicious race indiscreet : let us love by necessity

per vanità, la ra la la ra la la ra la,   amiam
par vanité, la ra la la ra la la ra la,   aimons
for vanity, la ra la la ra la la ra la, let us love

per comodo,   per vanità...
par utilité,   par vanité...
by necessity by vanity...

by vanity, la ra la
la ra la la ra...
let us love by neces-
sity, by vanity...

13. *Recitativo*
    Récitatif
    Recitative

DON ALFONSO

Che	*silenzio!* *che*	*aspetto di tristezza*
Quel	silence! quel	air de tristesse
What (a)	silence! what	(an) aspect of sadness

spirano queste stanze! *Poverette!*
respirent ces chambres! Pauvres petites!
exhale these rooms! Poor little ones!

non han già tutto il torto : bisogna
n' ont pas vraiment tout le tort : il faut
do not have really all the wrong : one must

consolarle : infin che vanno i due
consoler les : jusqu'à ce qu'aillent les deux
console them : until that do go the two

creduli sposi com'io loro commisi,
crédules époux comme je leur ordonnai,
credulous husbands as I them commissioned,

a mascherarsi, pensiam cosa può farsi;
à se masquer, pensons à ce qui peut être fait;
to masquerade, let us think of what can be done;

temo un po' per Despina, quella furba
(je) crains un peu pour Despina, cette fine mouche
(I) fear a bit for Despina, this crafty one

Quel silence! Quel air de tristesse on respire dans ces chambres! Pauvres petites! Elles n'ont pas tout à fait tort; il faut les consoler. Pensons à ce qu'on doit faire, en attendant que les deux crédules amoureux aillent se masquer comme je leur ai ordonné.

What silence! What an aspect of sadness permeates these rooms! Poor little ones! They are not totally wrong; we must console them. Let us think of what has to be done, meanwhile the two credulous lovers are masquerading, as I ordered them.

Je crains un peu Despina; cette fine mouche pourrait bien les re-

I only fear Despina; this clever girl might recognize them and all my plot will be

connaître et ainsi
faire échouer tou-
tes mes machina-
tions; nous verrons
si jamais il est
nécessaire de lui
offrir un petit ca-
deau de temps en
temps; pour une
femme de chambre un
petit sequin peut
être une grande
persuasion. Mais
pour m'assurer de
sa discrétion, je
pourrais la mettre
dans le secret.
Cette idée est ex-
cellente, voici sa
chambre. Despinetta.

potrebbe   riconoscerli; potrebbe   rovesciarmi
pourrait les reconnaître; pourrait   me renverser
could   them recognize; could   to me overturn

le macchine,   vedremo - se mai   farà
les machines, (nous) verrons - si jamais on aura
the schemes, (we)   will see - if ever will

bisogno   un regaletto   a tempo,   un zecchinetto
besoin (d')un petit cadeau à temps,   un petit sequin
need   a little gift on due time, one little sequin

per una cameriera   è un gran   scongiuro.
pour une femme de chambre est une grande persuasion.
for a   chambermaid   is a big   persuasion.

Ma per esser sicuro si potria   metterla in parte
Mais pour être certain on pourrait la mettre part
But to be   sure   one could   put her through

a parte del secreto. Eccellente è il progetto,
en part du secret.   Excellent est le projet,
the secret.   Excellent is the project,

la sua camera è   questa. Despinetta.
sa chambre est celle-ci. Despinetta. (Petite Despina).
her room   is this one. Despinetta. (Little Despina).

ruined; we will see
if a little gift in
due time would not
be necessary; one
little sequin for a
chambermaid is a great
persuasion. But to
make sure, I could
tell her all about
my secret. Excellent
idea; here is her
room. Despinetta.

DESPINA

Qui frappe? | *Chi batte?* / Qui frappe? / Who knocks? | Who is knocking?

DON ALFONSO

Ho! | Ho! | Ho!

DESPINA

Ah! | Ah! | Ah!

DON ALFONSO

Ma chère Despina, j'aurais besoin de toi.	*Despina mia, di te bisogno avrei.* Despina ma chère, de toi besoin (j')aurais. Despina my dear, of you need (I) would have.	My dear Despina, I need you.

DESPINA

Moi, je n'ai nullement besoin de vous.	*Ed io niente di voi.* Et moi pas du tout de vous. And I nothing of you.	And I do not need you at all.

DON ALFONSO

Je veux te faire du bien.	*Ti vo fare del ben.* Te veux faire du bien. To you (I) wish to do good.	I mean to do you good.

DESPINA

A une fillette un vieillard comme vous ne peut rien faire.	*A una fanciulla un vecchio come lei non può* A une enfant un vieux comme vous ne peut To a child an old man like you not can *far nulla.* faire rien. do nothing.	To a girl, an old man like you can do nothing.

DON ALFONSO

Parle bas et observe. (Il lui montre un sequin.)	*Parla piano ed osserva.* Parle bas et observe. Speak low and observe.	Lower your voice and look at this. (He shows her a sequin

DESPINA

Vous me le donnez?	*Me lo dona?* A moi le donnez? To me il give?	Are you giving it to me?

DON ALFONSO

Oui, si tu es gentille avec moi.	*Si, se meco sei buona.* Oui, si avec moi tu es bonne. Yes, if with me you are kind.	Yes, if you agree with me.

DESPINA

Et que voulez-vous? L'or est mon sirop préféré.	*E che vorrebbe? è l'oro il mio giulebbe.* Et que voudriez-vous? est l'or mon julep. And what would wish you? is gold my syrup.	And what do you want? Gold is my favorite sweet.

DON ALFONSO

Tu en auras, de l'or; mais je veux pouvoir compter sur toi.	*Ed oro avrai; ma ci vuol fedeltà.* Et or (tu) auras; mais il y faut (de la) fidélité. And gold (you) will have; but it needs faithfulness.	And you will have gold : but I must be able to depend on you.

DESPINA

Rien d'autre? je suis prête.	*Non c'è altro? son quà.* (Il) n'est autre? (je) suis ici. Not is else? (I) am here.	Is that all? I am ready.

DON ALFONSO

Prends ceci et écoute-moi. Tu sais que tes patronnes ont perdu leurs amants.	*Prendi ed ascolta. Sai che le tue padrone* Prends et écoute. (Tu) sais que tes patronnes Take and listen. (You) know that your mistresses *han perduti gli amanti.* ont perdu les amants. have lost the lovers.	Take this and listen. You know that your mistresses have lost their lovers.

DESPINA

Je le sais.	*Lo so.* (Je) le sais. (I) it know.	Yes, I know.

DON ALFONSO

Tu connais aussi
toutes leurs larmes,
tous leur délires.

Tutti i lor pianti, tutti deliri loro
Tous leurs pleurs, tous délires leurs
All their tears, all delirium their

You also know about
their tears and
their delirium.

ancor tu sai.
encore tu sais.
still you know.

DESPINA

Je connais tout.

So tutto.
(Je) sais tout.
(I) know everything.

I know everything.

DON ALFONSO

Très bien; si ja-
mais tu trouvais
un moyen de les
consoler en rempla-
çant, comme on dit,
un clou par un clou,
en faisant entrer
en grâce devant el-
les, deux sujets
charmants qui vou-
draient bien es-
sayer; tu me com-
prends, n'est-ce
pas?

Or ben; se mai per consolarle un poco,
Tout va bien; si jamais pour les consoler un peu,
Now well; if ever them to console a little,

Very well; if you
would ever find a
way to console them
and as we say, to
replace a nail by
a nail, you could
try to help two
charming fellows to
get into their fa-
vour, who are their
admirers : you un-
derstand me, don't
you?

e trar, come diciam, chiodo per chiodo,
et remplacer, comme (nous) disons, clou pour clou,
and replace, as (we) say, nail for nail,

tu ritrovassi il modo da metter in lor
tu retrouvais le moyen de mettre dans leur
you would find again the means to set in their

grazia due soggetti di garbo che
grâce deux sujets comme il faut (charmants) qui
favour two fellows courteous who

vorrieno provar; già mi capisci. C' è
voudraient essayer; déjà (tu) me comprends. Il y a
would like to try; already (you) me understand. There is

Il y a une récom-
pense de vingt écus
qui t'attend, si tu
les aide à réussir.

una mancia per te di venti scudi se
un pourboire pour toi de vingt écus si
a tip for you of twenty crowns if

There will be a re-
ward of twenty crowns
for you if you suc-
ceed.

*li   fai riusc**ir**.*
(tu) , les fais réussir.
(you) them make succeed.

DESPINA

Cette proposition	*Non mi dispiace questa proposizione. Ma con*	This plan pleases
ne me déplait pas.	Ne me déplait cette proposition. Mais avec	me : but enough with
Mais avec ces fol-	Not to me displeases this proposition. But with	these stupid women :
les, c'est assez;		listen to me : are
écoutez-moi : vos	*quelle buffone, basta, udite : son giovani,*	your protégés young,
concurrents sont-	ces folles, suffit, écoutez : sont-(ils) jeunes,	are they handsome
ils jeunes, sont-	those fools, enough, listen : are (they) young,	and above all are
ils beaux et sur-		they wealthy?
tout ont-ils de	*son belli e sopra tutto hanno una*	
l'argent?	sont- (ils) beaux et surtout ont-(ils) une	
	are (they) handsome and above all have(they) a	
	buona borsa i vostri concorrenti?	
	bonne bourse vos concurrents?	
	good purse (money) your competitors?	

DON ALFONSO

Ils ont tout ce qui	*Han tutto quello che piac**er** può alle donne*	They have everything
peut plaire aux da-	(Ils) ont tout ce qui plaire peut aux dames	to please intelli-
mes de bon sens.	(They) have all what please can to the women	gent women. Will
Veux-tu les voir?		you see them?
	di giudizio. Li vuoi veder?	
	de bon sens. Veux-(tu) les voir?	
	of common sense. Want (do you) them to see?	

DESPINA

Où sont-ils?	*E dove son?*	Where are they?
	Et où sont-(ils)?	
	And where are (they)	

DON ALFONSO

Ils sont là : puis-	*Son l**ì** : li posso far entrar?*	They are here : may
je les faire entrer?	(Ils) sont là : les puis-(je) faire entrer?	I ask them to come
	(They) are there : them can (I) make come in?	in?

DESPINA

Disons oui.   *Direi di si.*   Let us say yes.
                          (Je) dirais oui.
                          (I) would say yes

13. *Sestetto*
    Sextette
    Sextet

DON ALFONSO

Mes amis, je vous présente à la belle petite Despina, il n'en dépend que d'elle de consoler votre coeur.	*Alla bella Despinetta, vi presento,* A la belle petite Despina, (je) vous présente, To the nice little Despina, (I) you introduce, *amici miei, non dipende che da lei, consolar* amis miens, n' en dépend que d' elle, de consoler friends mine, it depends only on her, to console *il vostro cor.* votre coeur. your heart.	My friends, let me introduce you to nice little Despina; it depends on her only to console your hearts.

FERRANDO e GUGLIELMO

Par la main que je baise avec joie, par ces yeux pleins de grâce, faites que mon trésor tourne vers moi ses beaux yeux.	*Per la man che lieto io bacio, per quei rai* Par la main que joyeux je baise, par ces yeux By the hand that joyously I kiss, by these eyes *di grazia pieni, fa che volga a me sereni i* de grâce pleins, faites que tourne à moi sereins les of graceful, do that turn to me serene the *begli occhi il mio tesor.* beaux yeux mon trésor. beautiful eyes my darling.	By this hand that I kiss, with joy, by these most graceful eyes, let my darling turn her beautiful eyes toward me.

DESPINA

Quelles mines! Quels vêtements! Quelles figures! Quelles	*Che sembianze! che vestiti! che figure!* Quelles mines! quels vêtements! quelles figures! What features! what clothes! what figures!	What features! What clothes! What figures! What whiskers!

French	Italian / gloss	English
moustaches! Je ne sais vraiment pas s'ils sont valaques ou turcs!	*che mustacchi! io non so, se son* quelles moustaches! je ne sais, s' (ils) sont what whiskers! I do not know, if (they) are *Vallacchi o se Turchi son costor!* Valaques ou si turcs sont ceux-ci! Valachians or if Turks are these!	I do not really know if they are Valachians or Turks!

DON ALFONSO

| Que t'en semble de cette apparence? | *Che ti par di quell'aspetto?*
Que t'en semble de cet aspect?
What to you seems of that aspect? | What do you think of their appearance? |

DESPINA

| Pour vous parler franchement, ils ont un museau qui sort de l'ordinaire. C'est un véritable antidote à l'amour. | *Per parlarvi schietto, schietto, hanno un*
Pour vous parler franchement, (ils) ont une
To to you speak openly, (they) have a

muso fuor dell'uso, vero antidoto d'amor.
binette hors de l'ordinaire, vrai antidote d'amour.
face out of usual real antidote of love. | To be sincere with you, they have very extraordinary faces; it is a real antidote to love. |

FERRANDO, GUGLIELMO e DON ALFONSO

| Maintenant tout semble clair, si celle-ci ne nous reconnaît pas, il n'est plus aucune crainte à avoir. | *Or la cosa è appien decisa*
Maintenant la chose est tout à fait décidée
Now the thing is fully decided

se costei non ci ravvisa, non c'è più
si celle-ci ne nous reconnaît, il n'y a plus
if this one (does) not us recognize, there is more

nessun timor.
aucune crainte.
no fear. | Now it seems settled. Since Despina does not recognize us, we should have no fear. |

FIORDILIGI e DORABELLA

Eh! Despina! holà Despina!

Ehi Despina! o-là Despina!
Eh! Despina, holà! Despina!
Eh! Despina, holà! Despina!

Eh! Despina! holà, Despina!

DESPINA

Mes patronnes.

Le padrone.
Les patronnes.
The mistresses.

My mistresses.

DON ALFONSO

Voici le moment : agis prudemment; je me cache ici.

Ecco l' istante! fa con arte : io qui
Voici le moment! agis avec art : je ici
Here is the moment! act with art : I here

m' ascondo.
me cache.
myself hide.

Here is the moment : use your skill : I shall hide here.

FIORDILIGI e DORABELLA

Fille mauvaise et insolente! que fais-tu là avec de pareilles gens? Dis-leur de sortir immédiatement ou ils s'en repentiront et toi aussi.

Ragazzaccia · tracotante! che fai lì con
Mauvaise fille insolente! que fait-(tu) là avec
Bad girl arrogant! what do (you) do here with

simil gente; falli uscire immantinente o
pareilles gens; fais-les sortir immédiatement ou
such people; make them go out right away or

ti fo pentir con lor.
(je) te fais repentir avec eux.
(I) you make repent with them.

Bad, arrogant girl! What are you doing with such people : throw them out immediately or you and they will repent.

DESPINA, FERRANDO e GUGLIELMO

Ah! mesdames, pardonnez-nous! A vos pieds vous voyez

Ah! madame perdonate! al bel piè languir
Ah! mesdames pardonnez! à (votre) beau pied languir
Ah! ladies pardon! at (your) nice foot to languish

Ah! ladies, forgive us! We are two miserable fellows, but

languir deux malheu-
reux adorateurs
transis, amoureux de
vous.

mirate   due meschin   di vostro merto, spasimanti
regardez deux malheureux   de votre mérite, transis
look (at) two miserable fellows of your   merit,   ardent

adorator.
adorateurs.
worshippers.

ardent worshippers of
your merit and lan-
guishing at your feet.

FIORDILIGI e DORABELLA

Juste ciel! Qu'en-
tends-je? qui fut
jamais l'indigne
auteur de cette
affreuse trahison?

Giusti numi! cosa sento?   dell'enorme
Justes dieux! qu'entends-(je)?   de l'énorme
Good   gods! what do (I) hear ? of the enormous

tradimento, chi fu mai   l' indegno autor?
trahison,   qui fut jamais l' indigne auteur?
treachery, who was ever   the unworthy author?

Good gods! what do
I hear? Who ever
was the unworthy
inventor of this
enormous treachery?

DESPINA, FERRANDO e GUGLIELMO

Ah! de grâce,
calmez votre indi-
gnation!

Deh! calmate quello sdegno.
Ah! calmez cette indignation!
Ah! appease that indignation!

Ah! for mercy's!
sake, calm your
indignation!

FIORDILIGI e DORABELLA

Ah! je ne puis plus
me modérer! Dans ma
poitrine, mon coeur
est plein de dépit
et de terreur.

Ah! che più   non ho   ritegno,   tutta piena
Ah! que plus   (je) n'ai de modération, toute pleine
Ah! that no more have (I)   moderation, all   full

    ho   l' alma in   petto,   di dispetto e di
(j)'ai   l' âme dans la poitrine, de dépit   et de
(I) have the soul in   the breast, of despite and of

terror!
terreur!
terror!

Ah! I can no longer
control my heart!
My breast is filled
with contempt and
terror.

DESPINA e DON ALFONSO

French (left)	Italian / French / English (center)	English (right)
Cette rage et cette fureur me font soupçonner quelque chose.	*Mi da un poco di sospetto quella rabbia* Me donne un peu de soupçon cette rage To me gives a little suspicion that rage	This rage and this furor leave me a little suspicious.

e   quel furor.
et   cette fureur.
and this fury.

FERRANDO e GUGLIELMO

French (left)	Italian / French / English (center)	English (right)
Quelle joie c'est pour mon coeur que cette rage et cette fureur!	*Qual diletto è a questo petto, quella rabbia* Quelle joie est à ce coeur, cette rage What (a) joy is to this heart, that rage	What a joy to my heart is that rage and that frenzy!

e   quel furor!
et   cette fureur!
and that frenzy!

FIORDILIGI e DORABELLA

French (left)	Italian / French / English (center)	English (right)
Ah! pardon, mon beau chéri, mon coeur est innocent.	*Ah! perdon mio bel diletto, innocente è* Ah! pardon mon beau chéri, innocent est Ah! pardon my nice darling, innocent is	Ah! forgive me, my darling, my heart is not guilty.

questo cor.
ce   coeur.
this   heart.

Recitativo
Récitatif
Recitative

DON ALFONSO

French (left)	Italian / French / English (center)	English (right)
Quel murmure! Quel vacarme! Quel désordre que celui-ci! Etes-vous folles mes chères filles?	*Che susurro! che strepito, che scompiglio* Quel murmure! quel vacarme, quel désordre What (a) murmur! what (a) noise, what confusion	What a hubbub! What a noise! What confusion! Are you insane, my dear girls?

Voulez-vous donc
soulever tout le
voisinage? Qu'avez-
vous? Qu'est-il
arrivé?

è mai questo! siete pazze, care le mi
est celui-ci! êtes-(vous) folles, mes chères
is ever this one! are (you) insane, my dear

ragazze? volete sollevar il vicinato?
filles? voulez-(vous) soulever le voisinage?
girls? wish (you) to revolt the neighbourhood?

cosa avete? ch'è nato?
qu'avez-(vous)? qu'est-(il) arrivé?
what have (you)? what has happened?

Do you want revolt
in the neighbourhood?
What is wrong? What
has happened?

DORABELLA

Oh! ciel! Voyez!
des hommes en no-
tre maison!

Oh! ciel! mirate! uomini in casa nostra!
Oh! ciel! regardez! des hommes dans maison nôtre!
Oh! heaven! look! men in house of ours!

Oh! heavens! look!
there are men in our
house!

DON ALFONSO

Quel mal y a-t-il?

Che male c'è?
Quel mal y a-t-il?
What wrong is there?

What is wrong about
that?

FIORDILIGI

Quel mal? Aujour-
d'hui? Après ce
funeste événement?

Che male? in questo giorno? dopo il caso
Quel mal? en ce jour? après l'événement
What wrong? in this day? after the event

funesto?
funeste?
sorrowful?

What is wrong? On
this very day? After
the sorrowful event?

DON ALFONSO

Etoiles! est-ce
que je rêve ou
suis-je éveillé?
Mes amis, mes très

Stelle! sogno o son desto? amici miei,
Etoiles! (je) rêve ou (je) suis éveillé? mes amis,
Stars! (I) dream or (I) am awake? my friends,

Stars! am I dream-
ing or am I awake?
My friends, my very
dear friends! You

chers amis! Vous ici? Comment se fait-il? Pourquoi? Quand? De quelle façon? Dieux! que je me réjouis de vous voir! (Aidez-moi.)	*miei dolcissimi amici!* *Voi qui?* *Come?* mes très chers amis! Vous ici? Comment? my very dear friends! You here? How? *Perchè?* *Quando?* *In qual modo?* *Numi!* Pourquoi? Quand? De quelle manière? Dieux! Why? When? By what way? Gods? *Quanto ne godo!* (*Secondatemi.*) Combien (je) m'en réjouis! (Secondez-moi.) How of it (I) rejoice! (Support me.)	here? How come? Why? When? By what way? Gods! How I enjoy seeing you here! (Help me.)

FERRANDO

L'ami Don Alfonso!	*Amico Don Alfonso!* Ami Don Alfonso! Friend Don Alfonso!	My friend, Don Alfonso!

GUGLIELMO

Cher ami!	*Amico caro!* Ami cher! Friend dear!	My dear friend!

DON ALFONSO

Oh! quelle belle surprise!	*Oh! bella improvvisata!* Oh! belle surprise! Oh! pleasant surprise!	Oh! what a pleasant surprise.

DESPINA

Vous les connaissez?	*Li conoscete voi?* Les connaissez-vous? Them know you?	Do you know them?

DON ALFONSO

Si je les connais! Ils sont mes plus chers amis en ce	*Se li conosco!* *Questi sono i più dolci* Si (je) les connais! Ceux-ci sont les plus doux If them (I) know! These are the most charming	Do I know them! They are the most charming friends I have in

monde et ils seront
aussi les vôtres.

amici   ch'io m'abbia in questo mondo, et
amis   que j'aie   en ce   monde, et
friends that I have   in this world, and

this world and they
will also be yours.

vostri   ancor   saranno.
les vôtres encore (ils) seront.
yours   also (they) will be.

FIORDILIGI

Et que font-ils
dans ma maison?

E   in   casa mia   che fanno?
Et dans ma maison   que font-(ils)?
And in   house of mine what do (they) do?

But what are they
doing in my house?

GUGLIELMO

Mesdames, voici à
vos pieds deux cou-
pables, deux délin-
quants! L'amour...

Ai vostri piedi due rei,   due deliquenti
A vos   pieds deux coupables, deux délinquants
At your feet two guilty,   two offenders

Here we are, ladies,
at your feet, two
guilty ones, two
offenders! Love...

ecco Madame!   Amor...
voici Mesdames! Amour...
here ladies!   Love...

FIORDILIGI

Grands dieux!
Qu'entends-je?

Numi! che sento?
Dieux! qu'entends-(je)?
Gods! what do (I) hear?

Gods! What is it I
hear?

FERRANDO

Le dieu Amour si
puissant pour vous,
nous a conduit ici.

Amor, il nume, si possente per voi, qui
Amour le dieu, si puissant pour vous, ici
Love, the god, so powerful for you, here

Your all-powerful
God of love has brought
us here.

ci   conduce.
nous conduit.
us   guides.

A peine eûmes-nous
vu la lumière éma-
nant de vos très
éclatantes pupil-
les...

GUGLIELMO

Vista appena la luce di vostre fulgidissime
Vue à peine la lumière de vos éclatantissimes
Seen hardly the light of your splendorous

pupille...
pupilles...
pupils... (eyes)

Once the light of
your splendid eyes
has been seen...

qu'à leurs vives
étincelles...

FERRANDO

che alle vive faville...
que aux vives étincelles...
that at the lively sparks...

toward their lively
sparks...

papillons amoureux
et mourants...

GUGLIELMO

farfallette amorose e agonizzanti...
papillons amoureux et agonisants...
butterflies amorous and dying...

like loving and dying
butterflies...

nous volions devant
vous...

FERRANDO

vi voliamo davanti...
vous volons devant...
are flying before you...

we fly toward you...

et à vos côtés et
en arrière

GUGLIELMO

ed ai lati ed a retro
et aux côtés et en arrière
and at the sides and in (the) back

and around you and
behind

pour implorer votre
pitié au moyen de
ces pauvres rimes.

GUGLIELMO e FERRANDO

per implorar pietade in flebil metro.
pour implorer pitié de faibles rimes.
to implore mercy in (a) weak rhymes.

to implore mercy by
our weak verses!

FIORDILIGI

Fichtre! quelle
hardiesse!

Stelle! che ardir!
Etoiles! quelle hardiesse!
Stars! what impudence!

Stars! how audacious!

DORABELLA

Ma soeur! Qu'allons
nous faire?

Sorella! che facciamo?
Soeur! que faisons-(nous)?
Sister! what do (we) do?

Sister, what shall
we do?

14. *Recitativo*
Récitatif
Recitative

FIORDILIGI

Téméraires! sortez
d'ici et ne profa-
nez pas notre coeur,
notre oreille et
nos sentiments par
le souffle fatal de
mots infâmes.

Temerari!   sortite fuori di questo loco, e
Téméraires! sortez hors de ce lieu, et
Foolhardies! get out of this place, and

non profani l'alito   infausto   degli infami
(que) ne profane le souffle fatal   des   infâmes
(may) not profane the breath   ill-omened of the infamous

detti nostro cor,   nostro orecchio, e nostri affetti!
mots notre coeur, notre oreille, et nos   sentiments!
words our   heart, our   ear,   and our   sentiments!

Foolhardy fellows!
Get out of this place,
do not profane our
hearts, our ears and
our sentiments with
the ill-omened breath
of infamous words.

C'est en vain que
vous ou d'autres
cherchiez à sé-
duire nos âmes! La
foi intacte que nous
avons déjà donnée à
nos chers amants,
nous saurons la leur

invan per voi, per gli altri invan si cerca
en vain par vous, par les autres en vain on cherche
in vain by you,   by the others in vain one looks for

le nostr'alme   sedur!   L'intatta fede che per
nos   âmes (à) séduire! L'intacte foi   que par
our   souls to seduce!   The intact faith that for

It should be vain for
you or for others to
try to seduce our
souls. The intact
troth that we have
already given to our
dear lovers, we will
keep unto death, in

garder jusqu'à la
mort en dépit du mon-
de et du sort.

noi già   si diede ai   cari amanti, saprem
nous déjà   se donna aux chers amants, saurons
us   already (we) gave to the dear lovers, will know

spite of the world
and of fate.

loro serbar   infino a morte, a dispetto del
leur   conserver jusqu'à (la) mort, en dépit du
to them keep   until   death, in spite of the

mondo e della sorte.
monde et   du sort.
world and of the fate.

14. *Aria*
Air
Aria

FIORDILIGI

Comme le roc reste
immobile contre
les vents et la
tempête, ainsi
toujours mon âme
est forte en sa
foi et son amour.
Avec nous naquit
ce flambeau qui
nous plaît et nous
console; et la
mort seule pourrait
faire changer de
sentiment nos
coeurs.

Come scoglio immoto   resta, contra i   venti
Comme (le) roc immobile   reste, contre les vents
Like (the) rock motionless stays, against the winds

e la tempesta, cosi ognor   quest'alma è
et la tempête, ainsi toujours cette âme est
and the tempest, so   always   this soul is

forte nella fede e nell'amor.   Con noi nacque
forte dans la foi et dans l'amour. Avec nous naquit
strong in   trust and in love. With us was born

quella face,   che ci   piace e ci   consola;
ce   flambeau, qui nous plaît et nous console;
that torch, which to us pleases and us   consoles;

e potria la morte sola far che cangi
et pourrait la mort seule faire que change
and could   the death only do   that may change

Like the firm rock
struggling against
winds and tempest,
so is my soul strong
in faithfulness and
in love. With us
was born that torch,
which pleases us
and consoles us; and
only death can chan-
ge the sentiment of
my heart.

affetto il cor.
(de) sentiment le coeur.
sentiment the heart.

Respectez, âmes ingrates, cet exemple de constance et qu'une cruelle espérance ne vous rende encore plus audacieux.	Rispettate, anime ingrate, questo esempio di Respectez, âmes ingrates, cet exemple de Respect, souls ungrateful, this example of costanza, e una barbara speranza non vi constance, et (qu')une barbare espérance ne vous constancy, and (may) an uncivilized hope not to you	Have respect, you ungrateful souls, for this exemplary constancy and may not a cruel hope ever make you audacious again.

renda audaci ancor.
rende audacieux encore plus.
make audacious even more.

Recitativo
Récitatif
Recitative

FERRANDO

Ah! ne partez pas!	Ah, non partite! Ah, ne partez pas! Ah, do not go!	Ah! do not go!

GUGLIELMO

Ah cruelle! restez. (Qu'en pensez-vous?)	Ah, barbara restate! (Che vi pare?) Ah' barbare restez! (Que vous en semble?) Ah, cruel (one) remain! (What to you seems?)	Ah! cruel one, stay! (What do you think of it?)

DON ALFONSO

(Attendez.) De grâce jeunes filles, ne me faites plus faire triste figure.	(Aspettate.) Per carità ragazze, non mi (Attendez.) Par charité jeunes filles, ne me (Wait.) By pity young girls, (do) not me	(Wait a little more.) For mercy's, sake young ladies, do not make me sad any longer.

fate   più   far   trista   figura.
faites   plus   faire   triste   figure.
make   more   do   sad   face.

DORABELLA

Et que prétendriez-vous?

E   che   pretendereste?
Et   que   prétendriez-vous?
And what would you pretend?

What do you pretend?

DON ALFONSO

Rien; mais il me semble qu'un petit peu de douceur serait de mise, à la fin ce sont des gentilshommes et en plus ce sont mes amis.

Eh!   nulla;   ma   mi pare   che un pochin   di
Eh!   rien;   mais il me semble qu' un petit peu   de
Eh!   nothing; but to me seems that a   very little of

dolcezza...   alfin   son   galantuomini
douceur...   à la fin (ce) sont (des) gentilhommes
gentleness... finally (they) are   gentlemen

e   sono amici   miei.
et   sont amis   miens.
and   are friends (of) mine.

Nothing; but it seems to me that a little kindness... after all, they are gentlemen and they are my friends.

FIORDILIGI

Comment? Et je devrais écouter?

Come!   e   udire   dovrei?
Comment! et   écouter (je) devrais?
How!   and   listen (I) should?

How? I should listen?

GUGLIELMO

Nos peines et en éprouver de la pitié! La beauté céleste de vos yeux a ouvert une plaie dans les nôtres qui ne peut être guérie que

Le nostre pene   e   sentirne   pietà!
Nos   peines   et   en éprouver de la   pitié!
Our   sorrows and   of it feel   some   pity!

La celeste beltà degli occhi vostri la piaga
La céleste beauté des   yeux vôtres la plaie
The celestial beauty of the eyes yours the wound

Listen to our sorrows and feel more merciful. The celestial beauty of your eyes has opened a wound in our hearts which only the balm of love can heal; oh! beautiful lady, open your

par un baume d'a-
mour; ô belle,
ouvrez votre coeur
un seul instant à
ses doux propos et
vous verrez mourir
à vos pieds les
plus fidèles amants.

aprì	*nei*	*nostri*	*cui*	*rimediar*	*può*	*solo*	*il*
ouvrit	dans les	nôtres à	laquelle	rémédier	peut	seul	le
opened	in	ours	which	cure	can	alone	the

balsamo d'amore :	*un*	*solo istante il*		*core*	*aprite*
baume d'amour :	un	seul instant le		coeur	ouvrez
balm of love :	one	only moment	the	heart	open

o	*bella!*	*a sue dolci favelle,*	*a voi*	*davanti*
ô	belle!	à ses doux propos,	devant vous
oh!	beautiful!	to its sweet speeches,	before you

spirar	*vedrete*	*i*	*più*	*fedeli*	*amanti.*
mourir (vous)	verrez	les plus	fidèles	amants.
die (you)	will see	the most	faithful	lovers.

heart to these sweet
words and you will
have at your feet
the most faithful
lovers.

L'air suivant fut écrit pour la première représentation de *Così fan tutte;* il y fut d'ailleurs chanté, mais Mozart lui substitua ensuite l'Air : *Non siate
ritrosi,* numéro 15 de cet opéra. (Köchel 584)

The following Aria was written for and was sung at
the first performance of *Così fan tutte.* Afterwards
Mozart himself replaced it by the Aria Nr. 15 : *Non
siate ritrosi.* (Köchel 584)

Aria
Air
Aria

GUGLIELMO

Tournez vos re-
gards vers lui et
vous verrez que

Rivolgete a	*lui*	*lo*	*sguardo e*		*vedrete*	*come*
Retournez à	lui	le	regard et	(vous)	verrez	comment
Turn	to him	the	look	and (you)	will see	how

Turn your eyes to
him and you will see
him as he is : his

tout en lui dit :
je gèle... je
brûle... ma bien-
aimée, aie pitié
de moi!

sta :   tutto   dice, io gelo... io ardo...
(il) est : tout   dit, je gèle... je brûle...
(he) is : everything says, I freeze... I burn...

idolo mio,   pietà.
idole mienne, pitié.
idol mine,   mercy.

look says : I am
freezing... I am
burning... my belo-
ved, have mercy on
me!

Et vous, très chè-
re, regardez-moi
un seul instant et
dans mes yeux vous
trouverez ce que
mes lèvres ne sa-
vent vous dire.

E   voi cara un sol momento il bel ciglio
Et vous chère un seul moment le beau cil
And you dear one only moment the nice eye

a me volgete, e nel mio   ritroverete
à moi tournez, et dans le mien (vous) retrouverez
to me turn,   and in mine (you) will find

quel che il labbro dir non sa.
ce   que la lèvre dire ne sait
what   the lips to say not know.

And you, sweetheart,
look at me only one
moment and you will
find in my eyes what
my lips cannot pro-
nounce.

Un Roland amoureux
n'est rien par rap-
port à moi; comparé
à lui, un Médor au
sein blessé ne vaut
rien à mes yeux;

Un Orlando innamorato non è niente in mio
Un Roland amoureux   n'est rien   en ma
A Roland in love   is nothing   in my

confronto,   un Medoro il sen piagato verso
comparaison, un Médor le sein   blessé vers
comparison, a Medoro the breast wounded against

lui per nulla io conto : son di foco   i miei
lui pour rien je compte : sont de feu   mes
him for nothing I count : are of flames my

A Roland in loved is
nothing compared to me;
a Medoro with his
wounded breast I
count for nothing
compared to him;

mes soupirs sont
enflammés, ses dé-
sirs sont de bronze;
s'il est question
de mérite alors
nous sommes assurés
tous les deux que

sospiri, son di bronzo i suoi desiri, se
soupirs, sont de bronze ses   désirs, si
sighs,   are of bronze his   desires, if

si parla poi di merto, certo io sono,
on parle puis de mérite, certain je suis,
one speaks then of merit, sure I am,

my sighs are like
flames, his desires
are like bronze; if
one speaks of merit,
we are both sure
that none comparable
to us can be found,

nous ne pouvons
trouver nos égaux
de Vienne au Canada.

ed egli è certo che gl'uguali non si
et lui est certain que les égaux ne se
and he is sure that the equals not (are)

trovano da Vienna al Canada.
trouvent de Vienne au Canada.
found from Vienna to Canada.

from Vienna to Canada.

Riches comme Cré-
sus, beaux comme
Narcisse, les Marc-
Antoine en amour
seraient des bouf-
fons en comparai-
son de nous deux.
Nous sommes plus
forts que les Cy-
clopes, aussi
lettrés qu'Esope,
à la danse nous sur-
passons un le Pick,
tant notre pied est
léger et gracieux,

Siam   due Cresi per richezza, due
(Nous) sommes deux Crésus par richesse, deux
(We)   are   two Cresus by wealth,   two

Narcisi   per bellezza, in amor i Marcantoni
Narcisse par beauté,   en amour les Marc-Antoine
Narcissus by beauty,   in love   the Mark-Anthony

verso noi sarian   buffoni, siam   più forti
contre nous seraient bouffons, sommes plus forts
against us   would be buffoons, (we) are more strong

d'un Ciclopo, letterati al par di Esopo, se
qu'un Cyclope, lettrés   comme Esope, si
than a Cyclops, lettered   as   Aesop, if

balliamo, un le Pick cede, si gentil e snello*
dansons,   un le Pick cède,   si gentil et léger
(we) dance, a le Pick yields, so gentle and light

By our wealth, we are
two Cresus; by our
beauty, we are two
Narcissus, the love of
a Mark-Anthony would
be considered a joke
in comparison to our
love. We are stronger
than the Cyclops, as
lettered as Aesop, we
dance better than Le
Pick, for our steps
are light and graceful,

si nous chantons,
la beauté de nos
trilles fait honte
au rossignol et en-
fin, nous possédons
en plus un capital
que nul encore ne
connaît.

è il piede, se   cantiam, col   trillo solo
est le pied, si   chantons, avec le trille seulement
is the foot, if (we) sing,   with the trill   only

facciam torto all'   usignuolo, e qualch' altro
(nous) faisons tort au   rossignol, et quelque autre
(we)   do   wrong to the nightingale, and some   other

if we sing, our trills
would shame the night-
ingale and we have
more over, a personal
capital which, as
yet, nobody knows
of.

---

* Carlo Le Pick, célèbre danseur et chorégraphe de l'époque de Mozart.
  Carlo Le Pick was a famous dancer and choreographer in Mozart's time.

capitale   *abbi<u>am</u> poi*   *che* *alcun*   *non sa.*
capital   (nous) avons aussi que personne ne sait.
capital   (we)   have   also that nobody   knows.

(Bien, très bien, elles tiennent bon : elles partent et je m'en réjouis! Héroïnes par la constance, elles sont des exemples de fidélité.)

(Bella, bella, <u>tengon</u> sodo :   *se ne vanno*
(Belle, belle, elles tiennent fermement : s'en vont
(Well, well,   they   keep   solid :   they retire

ed io   ne godo!   *Eroine di costanza,*
et je m'en réjouis! Héroïnes de constance,
and I of it rejoice! Heroines of constancy,

specchi   son di fedeltà.)
miroir (elles) sont de fidélité.)
morir (they) are of faithfulness.)

(Good, good, they remain firs : they are leaving and it makes me feel happy! They are heroines of constancy, and models of faithfulness.)

15. *Aria*
    Air
    Aria

GUGLIELMO

Ne soyez pas capricieux, charmants petits yeux; décochez-nous ici deux oeillades amoureuses! Rendez-nous heureux, aimez-nous et en retour nous vous rendrons très heureuses. Regardez, touchez, observez le tout. Nous sommes deux chers fous, nous sommes forts et

Non   siate   ritrosi   occhietti   vezzosi,
Ne   soyez pas capricieux petits yeux charmants,
Do not be   reluctant little eyes charming,

due lampi amorosi vibrate un po'   quà!
deux éclairs amoureux décochez un peu   ici!
two lamps   amorous vibrate a little here!

Felici ren<u>de</u>teci amate con noi, e noi
Heureux rendez-nous aimez avec nous, et nous
Happy   make   us   love with us, and we

feli<u>ci</u>ssime faremo   anche voi... Guardate, toccate.
très heureuses ferons   aussi vous... Regardez, touchez.
very happy   will make also you... Look,   touch.

Do not be capricious, charming little eyes, like two loving flashes, vibrate a little toward us! Make us happy, give us love and we will make you happy in return. Look, touch, look at everything! We are two dear fools, we are strong, well built and as you can see, by merit, or perhaps by chance, we have a

bien faits et comme vous pouvez le voir, soit par mérite, soit par hasard, nous avons beau pied, bel oeil, beau nez, regardez, beau pied, observez, beau pied, observez, bel oeil, touchez, beau nez, observez le tout et ces moustaches que l'on peut qualifier de triomphes des hommes, panaches de l'amour, moustaches!

*Il tutto osservate! *Siam due cari matti,*
Le tout observez! *Nous sommes deux chers fous,
The whole observe! *We are two dear fools,

siam forti e ben fatti, e come ognun vede
sommes forts et bien faits, et comme chacun voit
we are strong and well built, and as everyone sees

sia merto, sia caso, abbiamo bel piede,
soit (par) mérite, soit (par) hasard, nous avons beau pied,
may be merit, may be chance, we have nice foot,

bell'occhio, bel naso, guardate, bel piede,
bel oeil, beau nez, regardez, beau pied,
nice eye, nice nose, look, nice foot,

osservate bell'occhio, toccate bel naso, il tutto
observez bel oeil, touchez beau nez, le tout
observe nice eye, touch nice nose, the whole

osservate! e questi mustacchi chiamare si
observez! et ces moustaches appeler on
observe! and these whiskers to name one

possono trionfi degli uomini, pennacchi d'amore,
peut (les) triomphes des hommes, panaches de l'amour,
can triumphs of the men, (the) panaches of love,

trionfi, pennacchi, mustacchi.
triomphes, panaches, moustaches.
triumphs, panaches, whiskers.

nice foot, a nice eye, a nice nose; look at the nice foot, see the nice foot, see the nice eye, touch the nice nose, look at everything. And these whiskers that can be called the triumphs of men, the panache of love, these whiskers.

---

* Les quatre mots suivants se trouvent dans les partitions piano et chant éditées par Novello et Boosey & Hawkes, mais non dans l'édition Schirmer.

The four next words appear only in Novello and Boosey & Hawkes' editions and not in Schirmer's.

"Siam due cari matti"

16. *Terzetto*
Petit trio
Little trio

DON ALFONSO

Et vous riez?	*E voi ridete?*	And you are laughing?
	Et vous riez?	
	And you laugh?	

FERRANDO e GUGLIELMO

Certainement, nous rions.	*Certo, ridiamo.*	Of course, we are laughing.
	Certes, (nous) rions.	
	Surely, (we) laugh.	

DON ALFONSO

Mais qu'est-ce que vous avez?	*Ma cosa avete?*	What is the matter will you?
	Mais qu'avez-(vous)?	
	But what have (you)?	

FERRANDO e GUGLIELMO

Nous le savons déjà.	*Già lo sappiamo.*	We already know.
	Déjà (nous) le savons.	
	Already (we) it know.	

DON ALFONSO

Riez tout bas!	*Ridete piano!*	Laugh more softly!
	Riez doucement!	
	Laugh softly!	

FERRANDO e GUGLIELMO

Vous parlez vainement.	*Parlate invano.*	You speak in vain.
	(Vous) parlez en vain.	
	(You) talk in vain.	

DON ALFONSO

Riez doucement, dou-cement...	*Ridete piano, piano, piano, piano.* Riez doucement, doucement, doucement, doucement. Laugh softly, softly, softly, softly.	Laugh softly, softly...

FERRANDO e GUGLIELMO

Vous parlez vainement.	*Parlate invano...* (Vous) parlez en vain. (You) speak in vain.	You speak in vain.

DON ALFONSO

Si elles vous entendaient, si elles vous découvraient toute l'affaire serait ratée.	*Se vi sentissero, se vi* Si (elles) vous entendaient, si (elles) vous If (they) you would hear, if (they) you *scoprissero, si guasterebbe tutto* découvraient, se gâterait toute would discover, it would spoil the whole *l'affar.* l'affaire. business.	If they hear you, if they discover you, the whole plot will be ruined.

FERRANDO e GUGLIELMO

Ah! mon âme est déchirée à force de rire! Ah! je sens que les entrailles vont m'éclater.	*Ah! che dal ridere, l'alma dividere, ah! ah!* Ah! que du rire, l'âme déchirer, ah! ah! Ah! that from laughing, the soul is torn, ah! ah! *ah! che le viscere sento scoppiar.* ah! car les viscères (je) sens éclater. ah! for the entrails (I) feel will explode.	Ah! my soul is torn with laughter. Ah! my entrails are about to explode.

DON ALFONSO

Leur rire me fait rire, mais je sais bien qu'il va finir en pleurs.	*Mi fa da ridere questo lor ridere, ma* Me fait (à) rire leur rire, mais Me makes laugh their laugh, but	They make me laugh with their laughter but I know very well that all this will end in tears.

```
        so     che    in piangere dee  terminar.
(je) sais   que   en  pleurer doit terminer.
(I)  know   that  in  weeping  must end.
```

Recitativo
Récitatif
Recitative

DON ALFONSO

Peut-on savoir la raison de ce rire?		May I know the reason for your laughter?

```
Si  può  sapere un poco   la  cagion di quel riso?
On  peut savoir un peu    la  raison de ce  rire?
One can  know   a  little the reason of that laughter?
```

GUGLIELMO

Oh! malepeste, ne vous semble-t-il pas que la raison en est juste, cher patron?		Oh! good heavens! don't you realize that we have good reason, my dear master?

```
Oh!  cospettaccio!  non vi     pare      che  abbiam
Oh!  malepeste!     ne vous    semble-(t-il) que (nous) avons
Oh!  good heavens!  not to you seems      that (we)  have

giusta ragione, il  caro mio  padrone?
juste  raison,  le  cher mien patron?
good   reason,  the dear mine master?
```

FERRANDO

Combien voulez-vous payer, votre gageure a échouée?		How much do you wish to pay, since your bet has fallen through?

```
Quanto  pagar   volete,  e a  monte  è  la scommessa?
Combien payer   voulez-(vous), et terminée est la gageure?
How much to pay (you) wish,    and finished is the bet?
```

GUGLIELMO

Payez la moitié.		Pay half of it.

```
Pagate la  metà.
Payez  la  moitié.
Pay    the half.
```

FERRANDO

Payez seulement vingt-quatre se-quins.		Pay only twenty-four sequins.

```
Pagate solo     ventiquattro zecchini.
Payez  seulement vingt-quatre sequins.
Pay    only      twenty-four  sequins.
```

DON ALFONSO

Pauvres innocents!	*Poveri innocentini! venite quà, vi voglio*	Poor innocent fellows!
Venez ici je vais	Pauvres petits innocents! venez ici, (je) vous veux	come here, I want you
vous faire mettre	Poor little innocents! come here, (I) you want	to put your thumb
le pouce dans le		in your mouth.
bec.	*porre il ditino in bocca.*	
	mettre le petit doigt dans le bec.	
	to put the little finger in the mouth.	

GUGLIELMO

Et vous avez en-	*E avete ancora coraggio di fiatar?*	And you still have
core le courage de	Et avez encore le courage de parler?	the courage to speak?
parler?	And have still the courage to speak?	

DON ALFONSO

Avant ce soir nous	*Avanti sera ci parlerem.*	Before to-night, we
en reparlerons.	Avant ce soir (nous) nous parlerons.	will talk it over.
	Before to-night (we) will talk of it.	

FERRANDO

Quand vous voudrez?	*Quando volete?*	Whenever you wish?
	Quand (vous) voulez?	
	When (you) wish?	

DON ALFONSO

En attendant, je	*Intanto silenzio e ubbidienza fino a*	Meanwhile, I recom-
vous recommande	En attendant silence et obéissance jusqu'à	mend, silence and
silence et obéis-	Meanwhile silence and obedience until	obedience until to-
sance jusqu'à de-		morrow morning.
main matin.	*doman mattina.*	
	demain matin.	
	to-morrow morning.	

GUGLIELMO

Nous sommes soldats et aimons la discipline.

Siamo soldati, e amiam la disciplina.
(Nous) sommes soldats, et aimons la discipline.
(We) are soldiers, and love (the) discipline.

We are soldiers and we like discipline.

DON ALFONSO

Eh bien! tous les deux allez m'attendre au jardin, je vous y enverrai mes ordres.

Or bene, andate un poco ad attendermi
Eh bien, allez un peu m'attendre
Well now, go a while to wait for me

entrambi in giardinetto, colà vi
tous les deux dans le jardinet, là (je) vous
both in the little garden, there (I) to you

manderò gli ordini miei.
enverrai les ordres miens.
will send the orders mine.

Well! Go into the garden and wait for me there; I shall send you my orders.

GUGLIELMO

Et aujourd'hui on ne mange pas?

Ed oggi non si mangia?
Et aujourd'hui on ne mange pas?
And to-day does one eat not?

Don't we eat to-day?

FERRANDO

A quoi cela servirait-il : le combat terminé, le souper sera plus savoureux.

Cosa serve : a battaglia finita fia
A quoi (ça) sert : à (la) bataille finie sera
To what (it) serves : at (the) battle finished will be

la cena per noi più saporita.
le souper pour nous plus savoureux.
the supper for us more delicious.

What for? once the battle is over, our supper will be that much more delicious.

17. *Aria*
    Air
    Aria

FERRANDO

Une brise amoureuse	*Un'*	*aura*	*amorosa*	*del*	*nostro tesoro un dolce*
de notre trésor,	Un	air	amoureux	de	notre trésor une douce
nous mettra au coeur	An	air	amorous	of	our treasure a sweet

Un' aura amorosa del nostro tesoro   un   dolce
Un air amoureux de notre trésor   une douce
An air amorous of our   treasure a   sweet

ristoro   al   cor   porgerà;   al   cor
consolation au   coeur mettra;   au   coeur
comfort   to the heart will bring; to the heart

che   nudrito   da speme d'amore, d'un esca
qui   nourri   d'espoir d'amour, d'un appât
which nourished with hope of love, of a bait

migliore bisogno non ha.
meilleur besoin n'a pas.
better   need   not have.

Une brise amoureuse
de notre trésor,
nous mettra au coeur
une douce consola-
tion; un coeur qui
est nourri par l'es-
poir d'un amour,
n'a pas besoin d'au-
tre appât.

An amorous breeze from
our beloved will com-
fort our hearts;
hearts which are fed
with the hope of love,
have no need of better
bait.

scène XIII   scena XIII

Recitativo
Récitatif
Recitative

DON ALFONSO

Oh! Elle est bien bonne! Il y a des femmes constantes et il y en aurait deux spécimens ici. Impossible... Viens, viens fillette, et dis-moi plutôt où sont et que font tes patronnes.

Oh! la saria   da ridere : si poche son le donne
Oh! ce serait à rire : si peu sont les femmes
Oh! it would be to laugh : so few are the women

costante in questo mondo e qui ve ne son due!
constantes en ce monde et ici y en sont deux!
faithful in this world and here there are two!

non   sarà nulla...   Vieni, vieni, fanciulla, e dimmi
(il) ne sera rien... Viens, viens, enfant, et dis-moi
not will be nothing... Come, come, child, and tell me

un poco dove sono e che fan le tue padrone.
un peu où sont et que font tes patronnes.
a little where are and what do your mistresses.

Oh! let me laugh! so few women are faithful in this world and there are two of them here. Nothing will come out of it. Come, come little girl, tell me where your mistresses are and what they are doing.

DESPINA

Les pauvres folles sont au jardin se lamentant à l'air et aux mouches, d'avoir perdu leurs amants.

Le povere buffone stanno nel giardinetto
Les pauvres bouffonnes sont dans le jardinet
The poor buffoons are in the little garden

a lagnarsi coll'aria e colle mosche d'aver
à se plaindre avec l'air et avec les mouches d'avoir
to moan with the air and with the flies to have

perso gli amanti.
perdu les amants.
lost the lovers.

The poor fools are in the garden, moaning to the air and to the flies because they have lost their lovers.

DON ALFONSO

Et comment crois-tu
que cela va finir?
espérons qu'elles
changeront d'idée.

E come credi che l'affar finirà?
Et comment crois- (tu) que l'affaire finira?
And how believe (you) that the bargain will finish?

vogliam sperare che faranno giudizio?
voulons espérer qu'(elles) changeront d'idée?
we wish to hope that (they) will change their mind?

And how do you think
this bargain will
end? let us hope
they will change
their mind.

DESPINA

A leur place je le
ferais : plutôt que
de pleurer je ri-
rais; se découra-
ger, se faire mourir
pour le départ d'un
amant : voyez quelle
folie, un de perdu,
deux de retrouvés.

Io lo farei; e dove piangon esse io
Je le ferais; et où pleurent elles je
I would do it; and where weep they I

riderei, disperarsi, strozzarsi perché
rirais, se décourager, s'étrangler parce que
would laugh, to despair, to strangle because

parte un amante : guardate che pazzia, se ne
part un amant : voyez quelle folie, on en
goes a lover : look what madness, one

pigliano due, s'uno va via.
prend deux, si un s'en va.
takes two, if one goes.

So would I be careful
instead of weeping.
I would laugh, why
despair, and die, be-
cause a lover has
gone? Look at the
madness : one is
lost, two are found.

DON ALFONSO

Bravo! C'est de
la prudence. (Il
me faut la pousser
plus loin.)

Brava! questa è prudenza. (Bisogna impuntigliarla.)
Brave! ceci est prudence. (Il faut la piquer.)
Bravo! this is prudence. (One must encourage her.)

Bravo! This is
really prudence.
(I must urge her.)

DESPINA

C'est une loi de
la nature et non
pas seulement de
la prudence :

È legge di natura e non prudenza sola :
C'est une loi de nature et non prudence seule :
It is law of nature and not prudence alone :

It is the law of
Nature and not only
prudence :

qu'est-ce que
l'amour? plaisir,
goût, joie,

amor   cos'è?   *piacer,*   *comodo,*   *gusto, gioja,*
amour qu'est-ce? plaisir,   utilité,   goût, joie,
love what is it? pleasure, necessity, taste, joy,

what is love? plea-
sure, necessity,
inclination, and joy,

divertissement,
passe-temps, ré-
jouissance; ce
n'est plus de
l'amour s'il de-
vient incommode,
nuisible et s'il
cause des tourments.

divertimento,   *passatempo,*   *allegria :*   *non è*
divertissement, passe-temps, allégresse : n'est
entertainment, pastime,   merriment : not is

più   *amore se incomodo diventa, se invece*
plus   amour si incommode devient, si au contraire
any more love if annoyance becomes, if instead

entertainment, past-
time, merriment : it
is no more love if it
becomes an annoyance,
if instead of pleasu-
re, it is a nuisance
and a torment.

di piacer   *nuoce e   tormenta.*
de plaisir (il) nuit et tourmente.
of pleasure (it) harms and torments.

DON ALFONSO

Mais cependant ces
folles-là?

Ma   intanto   queste pazze?
Mais en attendant ces   folles?
But meanwhile   these fools?

But in the meanwhile
these foolish ladies?

DESPINA

Ces folles agiront
à notre guise. Il
est bon toutefois
qu'elles se sa-
chent aimées par
eux.

Quelle pazze faranno a modo nostro.   *È   buon*
Ces   folles feront à façon nôtre.   (Il) est bon
These fools will do to way our.   (It) is good

che   sappiano d'esser amate da color.
qu'(elles) sachent être   aimées par ceux-là.
that (they) may know to be loved by those ones.

These foolish ladies
will act at our will.
It is good for them
to know that these
men love them.

DON ALFONSO

Elles le savent.

Lo sanno.
(Elles) le savent.
(They) know it.

They know it.

DESPINA

Donc elles les aimeront à leur tour. Dis-leur et laisse le reste au diable, ainsi va le dicton.

Dunque riameranno. *Diglielo*
Donc (elles) aimeront en retour. Dis-leur cela
Then (they) will love in return. Tell them this

si suol dire e lascia fare il diavolo.
d'habitude dit-on et laisse agir le diable.
we are used to say and let work the devil.

Then they will love them back. Tell them this, we used to say, and let the devil do his job.

DON ALFONSO

Et comment veux-tu faire pour qu'ils reviennent maintenant qu'ils sont partis, et que tes petites bestioles les écoutent et se laissent tenter.

E come far vuoi perchè ritornino
Et commment faire veux-(tu) pour qu'(ils) reviennent
And how do (you) act so that (they) come back

or che partiti sono, e che li
maintenant qu'(ils) partis sont, et qu'(elles) les
now that (they) gone are, and that (they) to them

sentano e tentare si lasciano queste tue
écoutent et tenter se laissent tes
listen and to be tempted allow themselves your

bestioline?
petites bêtes?
little beasts?

And how do you expect them to come back, now that they have gone, and your little lambs will listen to them and may be tempted?

DESPINA

Laissez-moi conduire toute cette machination. Quand Despina trame une chose, elle ne peut manquer son effet; j'ai déjà mené mille hommes par le bout du nez, je saurai bien mener deux femmes.

A me lasciate la briga di condur tutta la
A moi laissez le souci de conduire toute la
To me leave the trouble of guiding all the

macchina. Quando Despina macchina una cosa.
machine. Quand Despina machine une chose
scheme. When Despina plots a thing

non può mancar d'effetto; ho già menati
ne peut manquer d'effets; (j')ai déjà mené
not can fail its result; (I)have already guided

Leave it to me to handle the whole machine. When Despina plots something, it cannot fail : I have already led a thousand men by the nose and I should be able to lead two women. Are those men with whiskers wealthy men?

Sont-ils riches vos deux moustachus?	*mill'* *uomini pel* *naso* *saprò* *menar* mille hommes par le nez (je) saurai mener thousand men by the nose (I) will know to guide	
	due femmine. deux femmes. two women.	
	Son ricchi i due monsieurs mustacchi? Sont-(ils) riches les deux messieurs moustachus? Are (they) wealthy the two gentlemen with whiskers?	

DON ALFONSO

Ils sont très riches.	*Son richissimi!* (Ils) sont très riches! (They) are very rich!	They are very wealthy.

DESPINA

Où sont-ils?	*Dove son?* Où sont-(ils)? Where are (they)?	Where are they?

DON ALFONSO

Ils m'attendent dans la rue.	*Sulla strada attendendomi sono.* Sur la rue attendant moi (ils) sont. On the street waiting for me (they) are.	On the street, waiting for me.

DESPINA

Allez et ramenez-les moi tout de suite, passez par la petite porte, je vous attends dans ma chambre. A condition que vous fassiez ce que je vous demanderai de	*Ite, e sul fatto, per la picciola porta* Allez, et tout de suite, par la petite porte (You) go, and right away, by the little door *a me riconduceteli, v'aspetto nella* à moi ramenez-les, (je) vous attends dans la to me bring them back, (I) you expect in the	You go through the little door and bring them back to me right away. I shall expect you in my room. Providing you do all I ask you to do, before to-morrow your friends

114

faire, avant demain
vos amis chanteront
victoire et ils au-
ront le plaisir et
moi la gloire!

camera mia.   Pur   chè tutto   facciate
chambre mienne. Pourvu que tout (vous) fassiez
room   mine.   Providing that all (you) do

quel ch'io v'ordinerò   pria domani
ce que je vous ordonnerai   avant demain
what   I will to you command before to-morrow

i vostri amici   canteran   vittoria, ed essi
vos   amis   chanteront victoire, et eux
your   friends will sing victory, and they

avranno   il gusto   ed io la gloria!
auront   le plaisir et moi la gloire!
will have the pleasure and I the glory!

will shout Victory
and they will enjoy
the pleasure, and I,
the Glory!

18. Finale

Ah! comme en un seul moment tout mon destin est changé! Ah! désormais, la vie est pour moi comme une mer tourmentée. Tant que mon bien-aimé était près de moi, je ne connaissais pas les ennuis, je ne savais ce que voulait dire le mot languir.

DORABELLA e FIORDILIGI

Ah! che tutta in un momento si cangiò la
Ah! comme tout en un moment se changea le
Ah! how all in one moment (has) changed the

sorte mia, ah! che un mar pien di tormento,
sort mien, ah! comme une mer pleine de tourments,
fate mine, ah! like a sea full of torments,

è la vita omai per me. Finchè meco
est la vie désormais pour moi. Tant qu'avec moi
is (the) life by now for me. Until that with me

il caro bene, mi lasciar le ingrate stelle,
le cher bien-aimé, me laissèrent les ingrates étoiles,
the dear beloved, to me left the ungrateful stars,

non sapea cos' eran pene, non
(je) ne savais ce qu'étaient (les) peines, (je) ne
(I) not knew what were (the) sorrows, (I) not

sapea languir cos'è, no!
savais languir ce que c'est, non!
knew languish what it is, no!

Ah! how my destiny has changed in a single moment! Ah! from now on, life for me is like a tempestuous sea! As long as my beloved was with me, I knew not sorrow, nor the meaning of languish.

FERRANDO e GUGLIELMO

(au dehors)   *Si   mora,   sì,   si   mora, onde appagar*   (behind the scene)
Oui, que je meure,   (Que je) meure, oui, (que je) meure, pour satisfaire   Yes, I would die, if
si cela peut plaire   (May I) die,   yes, (may I) die,   to   please   this pleases these
à ces filles ingra-   ungrategul ladies.
tes!
                                le   ingrate.
                                les   ingrates.
                                the   ungrateful.

DON ALFONSO

Il y a encore un   *C'è   una speranza ancora, non   fate,*   There is still hope;
espoir; ne vous   Il y a   une espérance encore, ne (le) faites (pas),   do not think of dying,
tuez pas, oh dieux!   There is a   hope   still, (do) not act,   oh gods! do not kill
ne vous tuez pas!   yourselves!

                                oh! dei!   non   fate!
                                oh!   dieux! ne (le) faites (pas)!
                                oh!   gods! (do) not act!

DORABELLA e FIORDILIGI

Ciel! quel horri-   *Stelle, che grida orribili!*   Heaven! What a hor-
ble cri!   Étoiles, quels cris horribles!   rible cry!
                                Stars,   what cries horrible!

FERRANDO e GUGLIELMO

Laissez-moi!   *Lasciatemi!*   Leave me alone!
                                Laissez-moi!
                                Leave me!

DON ALFONSO

Attendez! (Ecoutez!)   *Aspettate!*   Wait a minute! (Listen)
                                Attendez!
                                Wait!

FERRANDO e GUGLIELMO

Que l'arsenic me délivre de tant de cruautés.	*L'arsenico*	*mi liberi di*	*tanta*	*crudeltà.*	May arsenic free me from all that cruelty.

Que l'arsenic me délivre de tant de cruautés.

L'arsenico mi liberi di tanta crudeltà.
(Que) l'arsenic me libère de tant (de) cruauté.
(May) arsenic me free from so much cruelty.

May arsenic free me from all that cruelty.

DORABELLA e FIORDILIGI

Ciel! c'était du poison!

Stelle! un velen fu quello.
Etoiles! un poison fut cela.
Stars! a poison was that.

Heaven! this was poison!

DON ALFONSO

Bel et bien du poison qui d'ici peu leur enlèvera la vie.

Veleno buono e bello, che ad essi in pochi
Poison bon et beau, qui à eux dans peu
Poison good and fine, that from them in few

It is really and truly poison which will very soon kill them.

istanti la vita toglierà.
instants la vie enlèvera.
moments (the) life will take off.

DORABELLA e FIORDILIGI

Ce spectacle tragique me fait froid au coeur.

Il tragico spettacolo gelare il cor mi fa.
Le tragique spectacle geler le coeur me fait.
The tragic sight freeze the heart me makes.

This tragic sight grips my heart

FERRANDO e GUGLIELMO

Cruelles, approchez-vous, contemplez le triste effet d'un sentiment désespéré et ayez au moins de la pitié.

Barbare, avvicinatevi, d'un disperato affetto
Cruelles, approchez-vous, d'un désespéré sentiment
Cruel (ones), come closer, of a desperate sentiment

Cruel ones, come closer, witness the sad effect of a desperate love, and at least have mercy.

mirate il tristo effetto, e abbiate almen
contemplez le triste effet, et ayez au moins
observe the sad effect, and have at least

pietà.
pitié.
mercy.

FERRANDO - GUGLIELMO - DORABELLA - FIORDILIGI - DON ALFONSO

Ah! que les rayons du soleil s'assombrissent, je tremble, mes nerfs et mon coeur sont près de manquer, ma langue ni mes lèvres ne peuvent plus articuler un mot.

Ah' che del *sole il raggio fosco per me*
Ah! que du soleil le rayon sombre pour moi
Ah! may of the sun the ray dark for me

diventa. *Tremo, le fibre e l'anima par*
devienne. (Je) tremble, les fibres et l'âme paraît
become. (I) tremble, the nerves and the soul seem

che mancar si senta, nè può la lingua o
que manquer se sente, ni (ne) peut la langue ou
that to fail (is) felt, nor can the tongue or

il labbro, *accenti articolar.*
la lèvre, (des) accents articuler.
the lips, accents articulate.

Ah! may the rays of the sun grow dark; I tremble, my nerves and my heart fail me, I am afraid; neither can my tongue or my lips articulate a word.

DON ALFONSO

Puisque ces pauvres malheureux sont à la veille de mourir, essayez au moins de leur montrer de la pitié.

Giacchè a morir vicini sono quei meschinelli,
Puisque à mourir voisins sont ces pauvres malheureux,
Since to die close are those poor (ones),

pietade almeno a quelli cercate di mostrar.
pitié au moins à eux essayez de montrer.
mercy at least to them try to show.

Since these poor men are at death's door, try at least to show them a little pity.

DORABELLA e FIORDILIGI

Serviteurs, accourez. Oh! Dieu! Personne ne nous entend. Despina!

Gente, accorrete. Nessuno, o Dio! si sente!
Gens, accourez. Personne, ô Dieu! nous entend!
Servants, hasten. Nobody, oh! God! us hears!

Despina!
Despina'
Despina!

Servants, help! make haste! Oh! God! nobody hears us. Despina!

DESPINA

Qui m'appelle?	*Chi mi chiama?* Qui m'appelle? Who me calls?	Who is calling me?

DORABELLA e FIORDILIGI

Despina! Despina!	*Despina! Despina!*	Despina! Despina!

DESPINA

Que vois-je? Les pauvres malheureux sont morts je crois, ou bien près de l'être.	*Cosa vedo!* *morti i* *meschini* *io credo,* *o* Que vois-(je)! morts les malheureux je crois, ou What see (I)! dead the poor (ones), I believe, or *prossimi a spirar.* près d'expirer. near to die.	What do I see? The poor men are dead I think, or nearly so.

DON ALFONSO

Ah! ce n'est que trop vrai, leur désespoir les a portés à s'empoisonner, quel étrange amour.	*Ah, che pur* *troppo è vero, furenti, disperati* Ah, ce n'est que trop vrai, furieux, désespérés Ah, it is only too true, furious, desperate *si* *sono avvelenati, oh! amore singolar.* se sont empoisonnés, oh! amour singulier. themselves have poisoned, oh! love strange.	Ah! it is only too true; in a desperate gesture, they have poisoned themselves. Oh! what a strange love.

DESPINA

Ce serait une honte pour vous que d'abondonner ces malheureux, il faut les secourir.	*Abbandonar i* *miseri* *saria* *per voi vergogna,* Abandonner les malheureux serait pour vous honte, To abandon the poor men would be for you shame, *soccorrerli bisogna.* les secourir il faut. to help them one must.	It would be shameful for you to abandon them; we must help them.

DORABELLA - FIORDILIGI
DON ALFONSO

Que pouvons-nous
faire!

Cosa possiam   mai far?
Que   pouvons-(nous) bien faire?
What can   (we)   ever do?

What can we do?

DESPINA

Ils donnent encore
signe de vie, faites-
leur un soutien de
vos mains compatis-
santes; et vous, cou-
rez avec moi; volons
à la recherche d'un
médecin et d'un an-
tidote.

Di vita ancor   dan   segno, colle   pietose
De vie encore   donnent signe, avec les compatissantes
Of life still   (they) give sign, with the pitiful

They are still alive,
so support them with
your kind hands and
you, run with me.
Let us hurry to find
a doctor and an anti-
dote.

mani fate   un po'   lor sostegno, e   voi
mains faites un peu   à eux soutien,   et vous
hands make   a little to them support,   and you

con me correte; un medico, un antidoto
avec moi courez; un médecin, un antidote
with me run;   a doctor,   an antidote

voliamo à ricercar.
volons   à chercher.
we fly to search for.

DORABELLA e FIORDILIGI

Dieux! quelle
épreuve! Il ne
pouvait arriver d'é-
vénement plus funes-
te.

Dei!   che   cimento   è questo!   Evento
Dieux! quelle épreuve est celle-ci! Evénement
Gods! what   experience is this one! Event

Gods! what experien-
ce this is! A more
fatal event could
hardly be found.

più funesto non si potea   trovar.
plus funeste ne se pouvait trouver.
more fatal   none could   find.

FERRANDO e GUGLIELMO

On ne pouvait trou-
ver une plus belle
farce. Ah!

Più bella commediola non si potea   trovar.   Ah!
Plus belle comédie   ne se pouvait trouver. Ah!
More fine farce   none could   find.   Ah!

A nicer comedy could
not possibly be found.
Ah!

Les malheureux sou-pirent.	**DORABELLA e FIORDILIGI** *Sospiran gl'infelici!* (Ils) soupirent les malheureux! (They) sigh the poor ones!	The poor men are sighing.
Que devons-nous faire?	**FIORDILIGI** *Che facciamo?* Que faisons-(nous)? What do (we) do?	What shall we do?
Toi, qu'en dis-tu?	**DORABELLA** *Tu, che dici?* Toi que dis-tu? You, what do you say?	What do you think of it?
Qui pourrait les abandonner en un moment si triste?	**FIORDILIGI** *In momenti si dolenti chi potria li* En (des) moments si tristes qui pourrait les In moments so sad who could them *abbandonar?* abandonner? abandon?	In such sad moments, who would abandon them?
Quelles figures intéressantes?	**DORABELLA** *Che figure interessanti!* Quelles figures intéressantes! What faces interesting!	What interesting faces.
Nous pouvons nous avancer un peu.	**FIORDILIGI** *Possiam farci un poco avanti.* Pouvons faire nous un peu en avant. (We) can make us a little forward.	We can come a little closer.

DORABELLA

Il a la tête très froide.

Ha   freddissima la testa.
(Il) a très froide la tête.
(He) has very cold   the head.

His head is very cold.

FIORDILIGI

Très froide aussi est celle-ci.

Fredda, fredda è ancora questa!
Froide, froide est encore celle-ci!
Cold,   cold is still this one!

The other man's head is also very cold.

DORABELLA

Et le pouls?

Ed il polso?
Et le pouls?
And the pulse?

And the pulse?

FIORDILIGI

Je ne le sens pas.

Io   non gliel' sento.
Je   ne le lui sens pas.
I do not to him feel it.

I can't feel it.

DORABELLA

Celui-ci bat très lentement.

Questo   batte lento,   lento!
Celui-ci bat lentement, lentement!
This one beats slowly,   slowly!

This one beats very slowly.

DORABELLA e FIORDILIGI

Ah! si le secours tarde à venir, il n'y aura plus d'espoir pour leur vie.

Ah! se tarda ancor l'aita,   speme più
Ah! si tarde encore l'aide,   espoir plus
Ah! if delays yet   the help, hope no more

non v'è di vita.
n'y   est de vie.
there is of life.

Ah! If help does not come soon, there will be no more hope for their lives.

FERRANDO e GUGLIELMO

Elles se sont lais-
sées toutes les deux
apprivoiser et sont
devenues plus trai-
tables, reste à voir
si leur pitié va se
changer en amour.

Più domestiche e trattabili sono entrambe
Plus apprivoisées et traitables sont toutes les deux
More familiar   and docile   have both

diventate,   sta   a veder che lor   pietade va
devenues,   reste à voir que leur pitié   va
become,   (it) remains to see that their pity   will

in amore a terminar.
en amour se terminer.
in love   end.

They have become more
familiar and docile;
let us see if their
pity will end in love.

DORABELLA e FIORDILIGI

Pauvres petits, leur
mort me chagrine-
rait.

Poverini,   la lor morte mi farebbe   lagrimar.
Pauvrets,   leur   mort me ferait   pleurer.
Little poor ones, their death me would make weep.

Poor little ones,
their death would
make me cry.

DON ALFONSO

Eccovi il medico, Signore belle!
Voici   le médecin, dames   belles!
Here is the doctor, ladies beautiful!

Voici le médecin, mes belles dames.

Here is the doctor, **dear** ladies!

FERRANDO e GUGLIELMO

Despina in maschera, che   trista pelle.
Despina déguisée,   quelle triste mine.
Despina disguised, what a sad   hide.

Despina déguisée, quelle triste mine!

Despina is disguised, and with what a sad expression!

DESPINA

Salvete, amabiles bones puelles!

(Edition Schirmer :
*Salvete, amabiles
bonae puellae.)*

(Schirmer Edition :
*Salvete, amabiles
bonae puellae.)*

DORABELLA e FIORDILIGI

Parla un linguaggio che   non sappiamo.
(Il)   parle un langage   que (nous) ne savons (pas).
(He)   speaks a language that (we) (do) not know.

Il parle un langage que nous ne connaissons pas.

We do not know the language he is speaking.

DESPINA

Come   comandano dunque   parliamo,
Comment (vous) commandez alors (nous) parlons,
How   (you) command   that (we)   speak,

so   il Greco e   l' Arabo,   so
(je) sais le grec et l' arabe, (je) sais
(I) know (the) Greek and (the) Arabic, (I) know

il Turco e il Vandalo, lo Svevo e il
le turc   et le vandale, le souabe et le
(the) Turkish and (the) Vandal, (the) Swabian and (the)

Tartaro   so ancor parlar.
tartare (je) sais encore parler.
Tartar (I) can also speak.

Comment voulez-vous que nous parlions? Je connais le grec et l'arabe, je sais le turc et le vandale, je sais aussi parler le souabe et le tartare.

What language would you like us to speak? I know Greek and Arabic, Turkish and Vandal; I can also speak Swabian and Tartar.

DON ALFONSO

| Gardez pour vous toutes ces langues, pour le moment, observez ces malheureux, ils ont pris du poison; que peut-on faire? | *Tanti linguaggi per se conservi, quei*
Tant de langages pour soi (qu'il) conserve, ces
So many languages for himself (should) keep, these

miserabili per ora osservi, preso hanno
misérables pour maintenant observez, pris (ils) ont
poor ones for now observe, taken (they) have

il tossico; che si può far?
le toxique; quoi on peut faire?
the poison; what one can do? | Keep for yourself all those languages; for now, look at these poor men, they have absorbed a poison; what can be done? |

FIORDILIGI e DORABELLA

| Monsieur le docteur, que peut-on faire? | *Signor Dottore, che si può far?*
Monsieur docteur, quoi on peut faire?
Sir Doctor, what one can do? | Sir Doctor, what can we do? |

DESPINA

| Il me faut savoir d'abord la cause, puis le caractère de la potion; s'ils l'ont prise chaude ou froide, peu ou beaucoup, en une ou plusieurs fois? | *Saper bisognami pria la cagione, e quindi*
Savoir faut à moi d'abord la raison, et après
To know must I first the reason, and then

l'indole della pozione; se calda, o frigida, se
la nature de la potion; si chaude, ou froide, si
the nature of the potion; if hot, or cold, if

poca, o molta, se in una volta, ovvero in più?
peu, ou beaucoup, si en une fois, ou bien en plus?
little, or much, if in one time, or else in more? | First, I must know the reason and then the nature of the potion; have they taken it hot or cold, much or a little, in one gulp or more? |

FIORDILIGI - DORABELLA e DON ALFONSO

| Ils ont pris de l'arsenic, monsieur le docteur, ici même. La cause en est l'amour et ils l'ont avalé d'un seul trait. | *Preso han l'arsenico, Signor Dottore! Qui*
Pris (ils) ont l'arsenic, Monsieur (le) docteur! Ici
Taken (they) have arsenic, Sir Doctor! Here

dentro il bebbero. La causa è amore, ed in
dedans le burent. La cause est l'amour, et en
within it drank. The reason is love, and in | Sir Doctor, they have taken the arsenic right here. Love is the reason, and they swallowed it in a single gulp. |

un *sorso* sel *mandar giù.*
un coup se l' avalèrent.
one gulp   it swallowed.

DESPINA

Ne vous inquiétez pas, ne vous tourmentez pas. Voici une preuve de mon talent.	*Non vi affannate,* non vi *turbate.* Ne vous inquiétez (pas), ne vous tourmentez (pas). (Do) not you worry, (do) not you upset. *Ecco una prova di mia virtù.* Voici une preuve de ma vertu. Here is (a) proof of my virtue.	Do not worry, do not upset yourselves. Here is proof of my knowledge.

FIORDILIGI e DORABELLA
DON ALFONSO

Il a un morceau de fer à la main.	*Egli ha di un ferro la man fornita.* Il a d'un fer la main munie. He has with a piece of iron the hand furnished.	He has a piece of iron in his hand.

DESPINA

Ceci est un morceau d'aimant mesmérique originaire d'Allemagne et qui devint si célèbre en France par la suite.	*Questo è quel pezzo di calamita pietra* Ceci est ce morceau de aimantée pierre This is that piece of loadstone *mesmerica ch'ebbe l'origine nell.'Alemagna,* mesmérique qui eut l'origine en Allemagne, mesmeric which had the origin in Germany, *che poi si celebre là in Francia fù.* laquelle après si célèbre là en France fut. which then so famous there in France was.	This is a mesmeric loadstone originally from Germany, which became so famous in France soon after.

FIORDILIGI e DORABELLA
DON ALFONSO

(à part) Comme ils bougent, se tordent, se secouent et se frappent fortement la	*Come si muovono, torcono, scuotono, in terra* Comme (ils) se meuvent, tordent, secouent, par terre How (they) move, writhe, shake, on the floor	(aside) See how they move, they writhe, they shake, they knock their head violently

tête par terre.

il cranio presto percuotono.
le crâne vivement (ils) frappent.
the skull quickly (they) knock.

on the floor.

DESPINA

Ah! Tenez leur
tête plus haute.

Ah! lor la fronte tenete su.
Ah! à eux la tête tenez haute.
Ah! to them the head hold high.

Ah! hold their
heads higher.

FIORDILIGI e DORABELLA

Nous sommes prêtes!

Eccoci pronte!
Nous voici prêtes!
Here (we) are ready!

We are ready!

DESPINA

Tenez fort. Coura-
ge! maintenant vous
êtes libérés de la
mort.

Tenete forte. Coraggio! or liberi
Tenez fort. Courage! maintenant libres
Hold strongly. Courage! now free

siete da morte.
(vous) êtes de la mort.
(you) are from death.

Hold them tight!
Courage! now you
are free from death.

FIORDILIGI e DORABELLA
DON ALFONSO

Ils regardent autour
d'eux, ils repren-
nent des forces!
Ah! ce médecin vaut
le Pérou!

Attorno guardano, forze riprendono!
Autour (ils) regardent, forces (ils) reprennent!
Around (they) look, strength (they) recover!

Ah! questo medico vale un Perù.
Ah! ce médecin vaut un Pérou.
Ah! this doctor (is) worth a Peru.

They are looking
around, they are
recovering. Ah'
this doctor is price-
less!

FERRANDO e GUGLIELMO

Où suis-je? Quel
est ce lieu? Qui
est ce monsieur?

Dove son? che loco è questo? Chi è
Où suis-(je)? quel lieu est celui-ci? Qui est
Where am (I)? what place is this? Who is

Where am I? What is
this place? Who is
this man? Who are

128

Ces dames qui sont-elles? Suis-je devant le trône de Jupiter? Es-tu Pallas ou Cythère?

colui?	color	chi sono?	Son	di
celui-là?	celles-là	qui sont (elles)?	Suis-(je)	de
that one?	those ones	who are (they)?	Am (I)	of

these ladies? Am I in front of Jove's throne? Are you Pallas or Citerea?

Giove	innanzi	al trono.	Sei tu Palla,	o
Jupiter	devant	le trône.	Es -tu Pallas,	ou
Jove	in front (of)	the throne.	Are you Pallas,	or

Non, tu es la déesse de mon âme; je te reconnais à ton doux visage et à ta main que je connais bien et qui est mon unique trésor.

Citere.?	No,	tu sei	l'alma	mia	Dea;
Cythère?	Non,	tu es	(de) l'âme	mienne	déesse;
Venus?	No,	you are	(of) the soul	mine	goddess;

No, you are the goddess of my soul; I recognize your sweet face and the hand that I know well and that is my only treasure.

ti	ravviso	al	dolce viso,	e	alla	man
(je) te	reconnais	au	doux visage,	et	à la	main
(I)	you recognize	at the	sweet face,	and	at the	hand

ch'or		ben conosco,	e	che	sola
que	maintenant	bien (je) connais,	et	qui	seule
that	now	well (I) know,	and	that	alone

è	il mio tesor.
est	mon trésor.
is	my treasure.

DESPINA e DON ALFONSO

Ce sont encore les effets du toxique, n'ayez pas peur.

	Son	effetti	ancor del	tosco,	non abbiate
(Ce)	sont	effets	encore du	toxique,	n'ayez
	Are	effects	still of	the poison,	not have

These are still the effects of the poison; have no fear.

alcun	timor.
aucune	crainte.
any	fear.

FIORDILIGI e DORABELLA

C'est peut-être vrai, mais toutes ces minauderies font

	Sarà ver,	ma	tante	smorfie	fanno torto
Ce	sera vrai,	mais	tant de	minauderies	font tort
Will	be true,	but	so many	grimaces	make (a) blame

It might be true, but all this simpering is wrong for

tort à notre hon-
neur. Je ne puis
plus résister.

al nostro onor.   *Più resister non poss'io.*
à notre honneur. Plus résister ne puis je.
to our   honour.   More resist   not can I.

our honour. I can
not resist any more.

DESPINA e DON ALFONSO

In poch'ore   lo vedrete per virtù   del
En peu d'heures le verrez par vertu   du
In few   hours it will see by virtue of the

Par la vertu du ma-
gnétisme, d'ici
quelques heures,

Within a few hours,
you will see the end
of this paroxysm,

magnetismo finire quel parossismo torneranno
magnétisme finir ce   paroxysme (ils)   reviendront
magnetism finish this paroxysm   (they) will go back

vous verrez se ter-
miner ce paroxysme
et ils retourneront
comme ils étaient
avant.

thanks to magnetism,
and they will revert
to their former cha-
racter.

al   primo   umor.
à   la   première humeur.
to the first   humor.

FERRANDO e GUGLIELMO

Dalla voglia   che   ho di ridere, il polmon
De   l'envie   que   (j') ai de rire,   le poumon
From the wish that (I)   have to laugh, the lungs

J'ai tellement en-
vie de rire, que
mes poumons vont
éclater. Aie pi-
tié de moi, ma
bien-aimée, tour-
ne vers moi tes yeux
charmants!

I feel so much like
laughing that my lungs
are exploding. Be
merciful, my beloved,
and turn toward me
your lovely eyes!

mi scoppia   or' or.   Per pietà, bell'idol
m'éclate   juste maintenant. Par pitié, belle idole
to me explode just now.   By mercy, fine idol

mio! Volgi a me le luci liete!
mienne! Tourne à moi les yeux joyeux!
mine!   Turn   to me the eyes merry!

Ici s'insère le texte qui a été coupé dans la partition
piano et chant éditée chez Novello et que l'on retrouve
dans les éditions Boosey & Hawkes et Schirmer.

The following text was omitted from the Novello score
and can be found in Boosey & Hawkes' and Schirmer's
editions.

DESPINA e DON ALFONSO

Left (French)	Italian / French gloss / English gloss	Right (English)
Ce sont encore des effets du poison.	*Son effetti ancor del tosco.* (Ce) sont (des) effets encore du toxique. (They) are effects still of the poison.	These are still the effects of the poison.

FIORDILIGI e DORABELLA

Je ne puis plus ré-sister.	*Più resister non poss'io.* Plus résister ne puis, je. More resist not can I.	I cannot resist any more.

DESPINA e DON ALFONSO

Dans quelques heures vous verrez, que par la vertu du mesmérisme, ce pa-roxysme prendre fin et ils reviendront à leur première na-ture.	*In poch'ore lo vedrete per virtù* Dans quelques heures le verrez par vertu In few hours (you) it will see by merit *del magnetismo finire quel parossimo,* du magnétisme finir ce paroxysme, of magnetism end this paroxysm, *torneranno al primo umor.* tourneront à la première nature. will turn back to the first nature.	In a few hours, you will see, thanks to the power of magnetism that will put an end to this paroxysm, they will revert to their former nature.

FERRANDO e GUGLIELMO

J'ai tellement en-vie de rire, que (mes poumons vien-nent d'éclater) j'en crève.	*Dalla voglia ch'ho di ridere, il polmon* De l'envie que (j')ai de rire, le poumon From the wish that (I) have to laugh, the lungs *mi scoppia or'or.* m'éclate maintenant. to me explode just now.	I feel so much like laughing that my lungs are exploding.

FIORDILIGI e DORABELLA

Je ne peux plus résister.	*Più resister non poss'io.* Plus résister ne puis-je. More resist not can I.	I can not resist any more.

DESPINA e DON ALFONSO

Ce sont encore des effets du poison, n'ayez aucune crainte.

Son effetti ancor del tosco, non
(Ce) sont (des) effets encore du poison, n'
(They) are effets still of the poison, not

abbiate alcun timor.
ayez aucune crainte.
(do) have any fear.

These are still the effects of the poison; have no fear.

FERRANDO e GUGLIELMO

Ah! tu es la déesse de mon âme, je reconnais ton doux visage.

Ah! tu sei l'alma mia dea;
Ah! tu es (de) l'âme mienne déesse;
Ah! you are (of) the soul mine goddess;

ti ravviso al dolce viso.
(je) te reconnais au doux visage.
(I) you recognize at the sweet face.

You are the goddness of my soul; I recognize your sweet face.

FIORDILIGI e DORABELLA

Je ne peux plus résister.

Più resister non poss'io.
Plus résister ne puis-je.
More resist not can I.

I cannot resist any more.

DESPINA e DON ALFONSO

Ce sont encore des effets..., etc.

Son effetti ancor del tosco, ... ecc.
(Ce) sont (des) effets encore du toxique,... etc.
(They) are effets still of the poison, ... etc.

These are still the effects..., etc.

FERRANDO e GUGLIELMO

J'ai tellement envie de rire..., etc.

Dalla voglia ch'ho di ridere,... ecc.
De l'envie que (j')ai de rire,... etc.
From the wish that (I have to laugh,... etc.

I feel so much like laughing..., etc.

FIORDILIGI e DORABELLA

C'est peut-être vrai..., etc.

Sarà ver,... ecc.
(Ce) sera vrai,... etc.
(It) will be true, etc.

Perhaps it is true..., etc.

FERRANDO e GUGLIELMO

Donne-moi un baiser,
mon trésor, un seul
baiser, ou je vais
mourir ici même!

Dammi un bacio, o mio tesoro, un sol bacio,
Donne-moi un baiser ô mon trésor, un seul baiser,
Give me a kiss oh my darling, one only kiss,

o quì mi moro!
ou ici me meurs!
or here I die!

Give me a kiss, oh,
my darling, only one
kiss, or I am going
to die right here!

FIORDILIGI e DORABELLA

Ciel! un baiser?

Stelle! un bacio?
Etoiles! un baiser?
Stars! a kiss?

Heavens! a kiss?

DESPINA e DON ALFONSO

Allons, faites!
Ce n'est qu'un acte
de bonté.

Secondate! Per effetto di bontate!
Répondez! Par effet de bonté!
Answer! By effect of kindness!

Please do! It is a
deed of kindness.

FIORDILIGI e DORABELLA

Ah! on demande
vraiment trop d'une
amante fidèle et
honnête; ma foi est
outragée, outragé
est mon coeur!

Ah! che troppo si richiede da una fida
Ah! que trop on demande d'une fidèle
Ah! how too much one asks from a devoted

onesta amante, oltraggiata è la mia fede,
honnête amante, outragée est ma foi,
honest lover, outraged is my trust,

oltraggiato è questo cor!
outragé est ce coeur!
outraged is this heart!

Ah! it is too much
to ask from a devoted
and honest lover,
this is an insult
to my faith and to
my heart.

FERRANDO - GUGLIELMO - DESPINA e DON ALFONSO

(à part)
Jamais on n'a vu nul-
le part au monde un
tableau plus amusant,
mais ce qui me fait

Un quadretto più giocondo non si vide in tutto
Un tableau plus joyeux ne se vit dans tout
A picture more joyous not (is) seen in all

(aside)
A more joyous pic-
ture has never been
seen anywhere in the
world, but it is the

le plus rire, c'est cette colère et cette fureur.

il mondo, quel che più mi fa   da ridere è
le monde, ce qui plus me fait (de) rire est
the world, what that more me makes (to) laugh is

quell'ira   e   quel furor.
cette colère et cette fureur.
that anger and that frenzy.

anger and the frenzy that make me laugh more.

FIORDILIGI e DORABELLA

Intoxiqués désespérés! Allez tous au diable tant que vous êtes! Il sera trop tard pour vous repentir, si ma fureur augmente.

Disperati attossicati, ite   al   diavol, quanti
Désespérés intoxiqués, allez au   diable, tant que
Desperate intoxicated, go   to (the) devil, all

siete!   Tardi in ver   vi   pentirete,
(vous) êtes! Tard en vérité vous (vous) repentirez,
(you) are! Late truly   you   will repent,

se più cresce   il mio furor.
si plus augmente ma fureur.
if more augments my frenzy.

Desperate intoxicated men, go to the devil, all of you! If my anger grows, you shall repent, but too late.

DESPINA e DON ALFONSO

(à part)
Car je sais bien que ce feu va se changer en amour.

Ch'io ben so   che tanto foco   cangerassi
Car je bien sais que tant de feu (se) changera
For I well know that so much fire   will change

in quel d'amor.
en celui d'amour.
in that of love.

(aside)
But I know for sure that so much fire will change into love.

FERRANDO - GUGLIELMO - DESPINA e DON ALFONSO

Jamais on n'a vu nulle part en ce monde de tableau plus amusant, mais je ne sais si cette colère et cette fureur sont feintes ou réelles.

Un quadretto più giocondo non s'è visto in
Un tableau   plus joyeux ne s'est vu   dans
A picture   more joyous not is seen in

questo (tutto il) mondo, ma non so   se finta
ce   (tout le) monde, mais ne sais si feinte
this   (all the) world, but not know if false

A more joyous picture has never been seen in all this world, but I do not know if this anger and this frenzy are false or real.

o   vera sia quell'ira   e   quel furor.
ou vraie soit cette colère et cette fureur.
or true   be   that anger and that frenzy.

Cependant je ne
voudrais pas que
ce feu dégénérât
en amour.

Nè vorrei   che   tanto   foco terminasse
Ni voudrais que tant de feu terminât
Nor would (I) that so much fire end

Nor would I want so
much fire to change
into love.

in quel d'amor.
en celui d'amour.
in that of love.

(DA CAPO : Un quadretto più giocondo..., ecc.
et les mêmes paroles reviennent obstinément
jusqu'à la fin du premier acte.)

(DA CAPO : Un quadretto più giocondo..., etc.
and these same words are used repeatedly
many times until the end of the first act.)

FINE DEL PRIMO ATTO
FIN DU PREMIER ACTE
END OF THE FIRST ACT

1. *Recitativo*
   Récitatif
   Recitative

DESPINA

Allez, allez, que vous êtes deux filles bizarres.	*Andate là, che siete due bizarre ragazze.* Allez là, que (vous) êtes deux bizarres filles. Go there, how (you) are two original girls.	Go now, how original you two girls are.

FIORDILIGI

Oh! grands dieux! que prétendriez-vous?	*Oh cospettaccio! cosa pretenderesti?* Oh malepeste! que prétendriez-vous? Oh good heavens! what would you pretend?	Oh! good heavens! what do you mean?

DESPINA

Pour moi rien du tout.	*Per me nulla!* Pour moi rien! For me nothing!	For myself, nothing.

FIORDILIGI

Pour qui alors?	*Per chi dunque?* Pour qui donc? For whom then?	For whom, then?

DESPINA

Pour vous.	*Per voi.* Pour vous. For vou.	For you.

DORABELLA

Pour nous.	*Per noi.* Pour nous. For us.	For us.

DESPINA

Pour vous. Etes-
vous femmes, ou
non?

Per voi. Siete voi donne, o no?
Pour vous. Etes-vous femmes, ou non?
For you. Are you women, or not?

For you. Are you
women or not?

FIORDILIGI

Et à cause de cela?

E per questo?
Et pour ceci?
And for this?

And for this reason?

DESPINA

"Et à cause de cela"
vous devez agir en
femmes.

"*E per questo!* dovete far da donne.*
"Et pour ceci! " (vous) devez faire comme femmes.
"And for this! " (you) must do like women.

"And for this reason"
you must act like women

DORABELLA

Ce qui veut dire?

Cio è?
C'est?
That is?

Meaning?

DESPINA

Traiter l'amour com-
me une bagatelle.
Ne jamais négliger
les belles occasions!
Changer à temps, en
temps être constan-
tes, user de coquet-
teries avec grâce,
prévenir la disgrâ-
ce qui se présente
souvent à qui se
fie à un homme, man-
ger la figue et ne
pas jeter la pomme.

Trattar l'amore "en bagatelle." Le occasioni
Traiter l'amour "en bagatelle." Les occasions
To handle love "en bagatelle." The occasions

belle non negliger giammai! Cangiar
belles non négliger jamais! Changer
nice not to neglect ever! Change

a tempo, a tempo esser costanti,
à temps, à temps être constantes,
in time, in time to be constant,

"*coquettizar*" *con grazia, prevenir*
faire les coquettes avec grâce, prévenir
to be coquettish with grace, prevent

To trifle with love.
To never neglect any
good occasion! To
change at the right
time, to be constant
at times, to flirt
gracefully, to pre-
vent disgrace which
usually occurs with
confidence in a man,
to eat the fig and
not throw away the
apple.

la   *disgrazia*   *si*   *comune*   *a*   *chi*   *si*   *fida*
la   disgrâce   si   commune   à   qui   se   fie
the   disgrace   so   usual   to whom is confident

in uomo,   *mangiar*   *il*   *fico*   *e*   *non*   *gittare*   *il*   *pomo.*
en homme,   manger   la   figue   et   ne pas   jeter   la   pomme.
in man,   to eat   the   fig   and not   to throw   the   apple.

FIORDILIGI

(Que diable!) Si tu as envie de telles choses, fais-les toi-même.

(Che diavolo!)   *tai*   *cose*   *falle*   *tu,*
(Que diable!)   telles   choses   fais-les   toi,
(What devil!)   such   things   do   them yourself,

se   *n'hai*   *voglia.*
si (tu)   en as   volonté.
if (you) have of it the will.

(What a devil!) If you wish to do such things, do them yourself.

DESPINA

J'en fais déjà. Mais je voudrais, que pour la réputation du beau sexe, vous en fassiez aussi un peu : vos Ganymèdes sont partis à la guerre, jusqu'à ce qu'ils reviennent agissez en militaires : recrutez.

Io già   *le*   *faccio.*   *Ma*   *vorrei*   *che*   *anche*
Je déjà   les   fais.   Mais   voudrais   que   aussi
I   already   them   do.   But   (I) would like that also

voi per   *gloria del*   *bel*   *sesso faceste un po'*
vous pour (la) gloire du   beau sexe   fassiez un peu
you for   (the) glory of the fair sex   do   a little

lo stesso; per esempio :   *i vostri Ganimedi*   *son*
le même;   par exemple :   vos   Ganymèdes sont
the same;   by example :   your   Ganymedes are

andati alla guerra; infin   *che*   *tornano*
allés   à la guerre; jusqu'à ce qu'(ils) reviennent
gone   to   war;   until   they   come back

fate   *alla militare :*   *reclutate.*
faites   à la militaire :   recrutez.
do   as   military men : recruit.

I do them occasionally. But for the good reputation of the fair sex, I wish you would do the same yourselves. For example : your two Ganymedes have gone to war; until they come back, act in a military way : recruit.

Le ciel nous en garde.

DORABELLA

Il cielo ce ne guardi.
Le ciel nous en garde.
May heaven us from it keep.

May heaven keep us from doing so.

Eh! nous sommes sur la terre et non au ciel. Fiez-vous à mon zèle. Puisque ces étrangers vous adorent, laissez-vous adorer.

DESPINA

Eh! che noi siamo in terra e non in cielo!
Eh! car nous sommes sur terre et non au ciel!
Eh! for we are on earth and not in heaven!

Fidatevi al mio zelo. Giacchè questi
Fiez- vous à mon zèle. Puisque ces
Confide you to my zeal. Since these

forestieri v'adorano lasciatevi adorar.
étrangers vous adorent laissez-vous adorer.
strangers you adore let yourselves be adored.

Eh! we are on earth and not in heaven! Believe in my zeal! Since these strangers love you, let them love you.

Ils sont riches, beaux, nobles, généreux, comme vous en a fait foi Don Alfonso. Ils auraient eu le courage de mourir pour vous. Ils méritent de ne pas être méprisés par des jeunes filles aussi belles et aimables que vous, lesquelles peuvent être sans amour, mais non sans amants. (Il semble que ceci leur plaise!)

Son ricchi, belli, nobili, generosi, come
(Ils) sont riches, beaux, nobles, généreux, comme
(They) are rich, beautiful, noble, generous, as

fede fece a voi Don Alfonso. Avean
foi fit à vous Don Alfonso. (Ils) avaient
witness bore to you Don Alfonso. (They) were having

coraggio di morire per voi; questi son
(le) courage de mourir pour vous; ceux-ci sont
(the) courage to die for you; these are

merti che sprezzar non si danno da giovani
mérites que mépriser ne se donnent par jeunes
worthy that despised not to be given from young (ones)

They are rich, handsome, noble, generous, as Don Alfonso bore witness to you. They were ready to die for you. They are worthy not to be despised by such beautiful and charming young girls like yourselves, who can remain without love, but not without lovers. (This seems to please them!)

qual   voi belle   e galanti, che pon   star
telles que vous belles   et aimables, qui peuvent rester
like   you beautiful and charming, that can stay

senza amor, non senza amanti. (Par
sans   amour, non sans   amants. (Il semble
without love, not without lovers. (It seems

che ci   trovin   gusto!)
qu('elles) y trouvent goût!)
that in it find   taste!)

FIORDILIGI

Sapristi! Tu vou-
drais nous en faire
faire de belles!

Per Bacco   ci faresti far   delle belle cose;
Par Bacchus (tu) nous ferais   faire des   belles choses;
By Bacchus (you) would make us do   nice things;

By Jove! you would
make us act nicely!

Crois-tu que nous
voulions devenir la
fable des oisifs?
Crois-tu que nous
voulions imposer
ce tourment à nos
chers époux?

credi tu   che vogliamo   favola diventar
crois-tu   que nous voulions la fable devenir
do you believe that we   want   the fable to become

degli oziosi?   Ai nostri cari sposi
des   oisifs?   A nos   chers époux
of the idle (ones)? To our   dear husbands

Do you think that we
wish to be the talk
of the town? Do you
think that we wish to
give such torment to
our dear husbands?

credi tu   che   vogliam dar   tal tormento?
crois-tu   que (nous) voulions donner tel tourment?
believe you that (we)   want   to give such torments

DESPINA

Et qui dit que
vous ayiez à leur
faire quelque tort?

E chi dice, che abbiate   a far loro
Et qui dit, que (vous) ayiez à faire à eux
And who says, that (you) had   to make them

And who says that
you have to do them
any wrong?

alcun torto.
quelque tort.
any   wrong.

DORABELLA

Ne crois-tu pas que ce serait déjà leur faire tort, s'il était su que nous recevons ces messieurs-là?	*Non ti pare* ... *che sia torto bastante, se noto* Ne te semble-t-il ... que soit tort assez, si connu (Does) not to you seems that be wrong enough, if known *si facesse che trattiamo costor?* se faisait que (nous) traitions ceux-là? would make that (we) treat those men?	Don't you think that it would be bad enough if it were known that we entertain these men?

DESPINA

Même à cela il y a moyen de remédier. Je vais répandre le bruit qu'ils viennent pour moi.	*Anche per questo c'è un mezzo securissimo.* Aussi pour cela il y a un moyen très sûr. Even for this there is a way very safe. *Io voglio sparger fama che vengono da me.* Je veux répandre (la) nouvelle qu('ils) viennent chez moi. I will spread (the) news that (they) come for me.	Here too, I know a very safe way. I will spread the news that they are coming to go to see me.

DORABELLA

Qui veux-tu qui le croit?	*Chi vuoi che il creda?* Qui veux (tu) qui le croit? Who want (you) that it (will) believe?	Who do you think would believe it?

DESPINA

Oh! très bien! Une femme de chambre ne mérite peut-être pas d'avoir deux amoureux; fiez-vous à moi.	*Oh! bella! Non ha forse merto una* Oh! bien! N'a peut-être (pas) mérité une Oh! fine! Not has perhaps deserved a *cameriera d'aver due cicisbei;* femme de chambre d'avoir deux galants; chambermaid to have two gigolos; *di me fidatevi.* à moi fiez-vous. upon me rely.	Oh! fine! Perhaps a chambermaid is not worthy of having two lovers; leave everything to me.

FIORDILIGI

Non, non, tes étrangers sont trop audacieux. Ne poussèrent-ils pas la hardiesse jusqu'à nous demander des baisers.

No, no, your two strangers are too audacious. Didn't they have the boldness to ask for kisses.

No, no, son troppo audaci   questi tuoi
Non, non, sont trop   audacieux (ces)   tes
No, no, are too   audacious these your

forestieri, non ebber   la baldanza fin di
étrangers, n'eurent-(ils) la hardiesse jusqu'à
foreigners, not had (they) the boldness as far as

chieder dei baci.
demander des baisers.
ask   some kisses.

DESPINA

(Quelle affaire!) Je puis vous assurer que ce qu'ils ont fait était l'oeuvre du poison qu'ils avaient pris : convulsions, délire, folies, radotages. Maintenant vous verrez comme ils sont : discrets, polis, modestes et doux; laissez-les venir.

(How disgraceful!) I can assure you that what they did was the result of the poison they took : convulsions, delirium, folly, nonsense. But now you will see them as they really are : discreet, polite, modest and gentle; allow them to come in.

(Che disgrazia!)   io posso assicurarvi che
(Quelle disgrâce!)   je peux assurer vous que
(What (a) disgrace!) I can   assure   you that

le cose   che   han fatto   furo   effetti del
les choses qu('ils) ont faites furent effets du
the things that (they) have done were   effects of the

tossico che   han preso, convulsioni,
poison qu'(ils)   ont pris   convulsions,
poison that (they) have taken, convulsions,

deliri, follie, vaneggiamenti; ma   or
délires, folies, radotages;   mais maintenant
delirium, follies, nonsense;   but   now

vedrete   come   son discreti, manierosi,
(vous) verrez comme (ils) sont discrets, polis,
(you) will see how   (they) are discreet, too polite,

modesti e   mansueti; lasciateli venir.
modestes et   doux;   laissez-les venir.
modest   and gentle;   let   them come.

DORABELLA

Et puis?

E poi?
Et puis?
And then?

And then?

DESPINA

Et puis? morbleu!
faites le reste
vous mêmes.
(Je l'avais dit
qu'elles tombe-
raient.)

Et poi? Caspita! *Fate voi.*
Et puis? morbleu! Faites vous-mêmes.
And then? good gracious! Do yourselves.

(L'ho detto che cadrebbero.)
((Je) l' ai dit qu'(elles) tomberaient.)
((I) it have said that (they) would fall.)

And then? good gra-
cious! Do the rest
yourselves.
(I knew they would
succumb.)

FIORDILIGI

Que devons-nous
faire?

Cosa dobbiamo far?
Quoi devons-(nous) faire?
What must (we) do?

What should we do?

DESPINA

Ce que vous voulez.
Etes-vous faites de
chair et d'os; ou
bien, de quoi êtes-
vous faites?

Quel che volete. Siete d'ossa, e di
Ce que (vous) voulez. Etes-(vous) d'os, et de
What (you) want. Are (you) of bones, and of

carne o cosa siete?
chair, ou quoi êtes-(vous)?
flesh, or what are (you)?

As you wish. Are
you made of flesh
and bone, or what
are you made of?

19. *Aria*
    Air
    Aria

DESPINA

A quinze ans une
femme doit connaî-
tre les grands
usages; elle doit

Una donna a quindici anni dee saper
Une femme à quinze ans doit savoir
A woman of fifteen years must know

A woman of fifteen
must know every cus-
tom : she must know
where the devil has

savoir où le diable
a la queue, ce qui
est bien et ce qui
est mal; elle doit
savoir aussi les
petites astuces qui
rendent les amants
amoureux : feindre
le rire et les
pleurs, inventer de
beaux pourquoi.

ogni   gran   moda;   dove   il diavolo ha
chaque grand usage;   où   le diable a
every great way; where the devil   has

la coda, cosa è bene, e mal cos'è;
la queue, ce qui est bien, et mal ce qui est;
the tail, what is well, and wrong what is;

dee saper le maliziette   che
doit savoir les petites malices qui
must know   the tricks   that

innamorano   gli amanti, finger   riso,
rendent amoureux les amants, feindre (le) rire,
enamour   the lovers,   (the) laugh,

finger pianti,   inventar i bei perchè.
feindre (les) pleurs,   inventer les beaux pourquoi.
feign (the) tears, to invent the nice why.

his tail, what is
right and what is
wrong; she must know
all the artifices that
snare lovers : how
to feign laughter
and tears; how to ask
the right questions.
She must agree with
a hundred while her
eyes speak to a thou-
sand.

Au même instant,
elle doit donner
raison à cent et
avec ses yeux par-
ler à mille. Elle
doit laisser un es-
poir à tous, qu'ils
soient beaux ou
laids; elle doit
savoir cacher des
choses sans s'em-
brouiller, et sans
rougir elle doit sa-
voir mentir.

Dee in un momento dar   retta a cento,
Doit en un moment donner raison à cent,
Must in one moment give   right to hundred,

con le pupille parlar con mille.
avec les yeux   parler avec mille.
with the eyes   speak with thousand.

Dar   speme a tutti, sien belli   o brutti,
Donner espoir à tous, soient beaux   ou laids,
Give hope to everyone, may be beautiful or ugly,

saper nascondersi senza confondersi,
savoir se cacher   sans   s'embrouiller,
to know to hide herself without getting confused,

senza arrossire saper   mentire; e
sans   rougir   savoir mentir; et
without blushing to know how to lie; and

Handsome or not, every
man should be kept
hoping, she has to be
discreet on some sub-
jects without confu-
sion and she must
know how to lie with-
out blushing.

Et comme une reine
du haut de son trône
savoir se faire
obéir au seul com-
mandement.

qual regina dal alto soglio col
comme reine du haut trône avec le
like queen from high throne with the

posso e voglio farsi ubbidir.
peux et veux se faire obéir.
can and wish make herself be obeyed.

And like a queen from
the height of her
throne, she should be
obeyed just by saying :
I can and I want.

Il semble que cette
doctrine plaise aux
hommes. Vive Despina
qui sait si bien ser-
vir.

Par ch'abbian gusto di tal
(Il) semble qu'(ils) aient du goût pour telle
(It) seems that (they) have taste for such

dottrina. Viva Despina che sa servir.
doctrine. Vive Despina qui sait servir.
doctrine. Long live Despina who knows to serve.

Men are known to ap-
preciate such a doc-
trine. Long live
Despina who knows so
well how to serve.

Recitativo
Récitatif
Recitative

FIORDILIGI

| Ma soeur, qu'en dis-tu? | *Sorella, cosa dici?*
Soeur,   que   dis-(tu)?
Sister,   what do (you) say? | Sister, what do you think of it? |

DORABELLA

| Je suis ahurie par l'esprit infernal de cette fille. | *Io son stordita, dalla   spirto <u>infernal</u>*
Je suis étourdie, par   l'esprit infernal
I   am   dizzy,   from   the mind infernal

di tal   ragazza.
de telle jeune fille.
of such   young girl. | I am bewildered by such an infernal spirit as this young girl's. |

FIORDILIGI

| Cette fille est folle, crois-moi. Te semble-t-il que nous devrions suivre ses conseils? | *Ma   <u>credimi</u>   è   una pazza.   Ti par   che*
Mais crois-moi   (c'est) une folle.   Te semble   que
But   believe me (she) is   a   fool.   To you seems that

siamo   in caso di <u>seguir</u> suoi consigli?
soyions en cas   de suivre ses   conseils?
(we) are in case to follow her   advice? | Believe me, she is a fool. Do you think that we should follow her advice? |

DORABELLA

| Oh certes! si tu prends l'affaire à l'envers. | *Oh! certo!   si tu pigli pel rovescio   il negozio.*
Oh! certes!   si tu prends à   l'envers   l'affaire.
Oh! certainly if you assume by   the wrong side the business. | Oh! of course, if you see the reverse side of the medal. |

FIORDILIGI

Anzi io lo piglio per il suo vero dritto :
Même je le prends pour son vrai droit :
Even I it take for its true right :

non credi tu delitto per due giovani
ne crois- tu crime pour deux jeunes filles
not believe you crime for two young girls

omai promesse spose il far di queste cose?
déjà promises épouses le faire de ces choses?
already promised wives the act of these things?

Même si je la prends à l'endroit : ne crois-tu pas que ce soit un crime pour deux jeunes fiancées d'agir de la sorte?

Even if I see it on the right side : don't you think it a crime for two engaged girls to act like this?

DORABELLA

Ella non dice che facciamo alcun mal.
Elle ne dit (pas) que (nous) faisons aucun mal.
She not says that (we) do any wrong.

N'a-t-elle pas dit que nous ne faisions aucun mal.

Didn't she say we are doing nothing wrong?

FIORDILIGI

È mal che basta il far parlar di noi.
(C')est mal suffisant (le) faire parler de nous.
(It) is bad enough to make talk of us.

Il suffit que l'on parle de nous.

It is bad enough to have people talk about us.

DORABELLA

Quando si dice che vengon per Despina.
Quand (il) se dit qu'(ils) viennent pour Despina.
When (it) is said that (they) come for Despina.

Si on dit qu'ils viennent pour Despina.

If it is understood they are coming to see Despina.

FIORDILIGI

Oh! tu sei troppo larga di coscienza!
Oh! tu es trop large de conscience!
Oh! you are too broad of conscience!

E che diranno gli sposi nostri?
Et que diront les époux nôtres?
And what will say the husbands our?

Oh! tu as la conscience trop large. Et que diront nos époux?

Oh! you are too broadminded. And what will our husbands say?

DORABELLA

Rien! ou bien ils ne sauront pas ce qui est arrivé et le sujet est clos; ou bien ils sauront quelque chose et alors nous dirons que ce sont des amis de Despina.

Nulla!	*o*	*non sapran*	*l'affare*	*ed*	*è*	*tutto*
Rien!	ou	ne sauront	l'affaire	et	est	tout
Nothing!	or	will not know	the business	and	is	all

finito :	*o*		*sapran*	*qualche cosa*	*e*	*allor*
fini :	ou	(ils)	sauront	quelque chose	et	alors
finished :	or		will know	something	and	then

diremo		*che*	*vennero*	*per*	*lei.*
(nous) dirons	qu'	(ils)	vinrent	pour	elle.
(we) will say	that	(they)	came	for	her.

Nothing! they will not know what happened and that is the end of the story, or they will know something and we will say that they came to see Despina.

FIORDILIGI

Mais nos coeurs?

Ma	*i nostri cori?*
Mais nos	coeurs?
But our	hearts?

And what about our hearts?

DORABELLA

Ils ne changent pas; on ne manque pas de fidélité, ma soeur, pour avoir voulu se divertir un peu et ne pas mourir de mélancolie.

Restano	*quel che*	*sono;*	*per*	*divertirsi*
Restent	ce qu'(ils)	sont;	pour	se divertir
Remain	what (they)	are;	to	divert oneself

un poco,	*e*	*non morire*	*della malinconia*
un peu,	et	non mourir	de la mélancolie
a little,	and	not die	from melancholy

non si	*manca*	*di fè,*	*sorella mia.*
non on	manque	de foi,	soeur mienne.
not one	lacks	of faith,	sister mine.

Our hearts will remain as they are; my sister, one does not betray because one is trying to divert oneself so as not to die from melancholy.

FIORDILIGI

C'est vrai.

Questo	*è*	*ver.*
Ceci	est	vrai.
This	is	true.

It is true.

DORABELLA

Alors?

Dunque?
Donc?
Then?

Then?

FIORDILIGI

Alors commence
toi-même : mais
je ne veux pas
être coupable d'un
imbroglio qui pour-
rait survenir.

Dunque fa un po   tu : ma   non voglio aver
Donc fais un peu   toi : mais (je) ne veux avoir
Then do   some of it you : but (I) do not want to have

colpa se poi   nasce   un imbroglio.
faute si après naît   un imbroglio.
guilt if after arrives an ill.

Then start it your-
self : but I do not
want to be guilty of
anything wrong that
may happen afterward.

DORABELLA

Quel imbroglio peut
se présenter après
toutes les précau-
tions que nous pre-
nons?
Maintenant autre
chose, écoute : pour
bien nous entendre,
lequel des deux Nar-
cisse choisis-tu
pour toi?

Che imbroglio nascer deve con tanta precauzion?
Quel imbroglio naître doit avec tant de soins?
What ill   appear must with so much care?

Per altro ascolta, per intenderci   bene qual
Pour autre écoute, pour nous entendre bien lequel
For else listen, to   agree   well which

vuoi   scegLier per te   de' due Narcisi.
veux-(tu) choisir pour toi   des deux Narcisse.
wish (you) choose for you of the two Narcissus.

What evil can emerge
after so much care
has been taken?

Now listen, let us
understand each other
well; which one of
the two Narcissus
would you like to
choose?

FIORDILIGI

Décide toi-même,
ma soeur.

Decici tu, sorella.
Décide toi, soeur.
Decide you, sister.

Decide for yourself,
sister.

DORABELLA

C'est tout décidé.

Io già   decisi.
Je déjà   décidai.
I already decided.

I have already deci-
ded.

20. *Duetto*
    Petit duo
    Little duet

DORABELLA

Je vais choisir le	*Prenderò*	*quel brunettino,*	*che più*
petit brun qui me	(Je) prendrai	ce petit brun,	qui plus
semble plus gai.	(I) will take	this little brown (one), who more	

I shall take the little dark one, who seems more witty.

lepido mi	*par.*
enjoué me	semble.
witty to me seems.	

FIORDILIGI

Et pendant ce temps	*Ed intanto*	*io col*	*biondino,*
je vais un peu rire	Et cependant	moi avec le petit blond,	
et badiner avec le	And meanwhile	I with the little fair (one,)	
petit blond.			

And meanwhile, I will laugh and joke with the little fair one.

vo' un po	*ridere e*	*burlar.*
(je) veux un peu	rire et	badiner.
(I) want a little	laugh and	jest.

DORABELLA

Très enjouée, je ré-	*Scherzosetta ai*	*dolci detti io*
pondrai à ses mots	Très enjouée aux	doux mots moi
gentils.	Playfully to the	sweet words I

I shall gaily answer his sweet words.

di quel	*risponderò.*
de celui-là	(je) répondrai.
of that one	(I) will answer.

FIORDILIGI

Moi, j'imiterai les	*Sospirando i*	*sospiretti io*
petits soupirs de	Soupirant les	petits soupirs moi
l'autre.	Sighing the	little sighs me

I shall imitate the faint sighs of my chosen lover.

dell'altro   imiterò.
de l'autre   (j')imiterai.
of the other (I) will imitate.

DORABELLA

Il me dira : "Bien-aimée, je me meurs!"	*Mi dirà : "ben mio, mi moro!"* (Il) me dira : "bien-aimée, (je) me meurs!" (He) will tell me : "beloved, (I) am dying!"	He will tell me : "Beloved, I am dying!"

FIORDILIGI

Il me dira : "Mon beau trésor!"	*Mi dirà : "mio bel tesoro!"* (Il) me dira : "mon beau trésor!" (He) will tell me : "my nice treasure!"	He will tell me : "My beautiful darling!"

DORABELLA

Et alors quelle joie!	*Ed intanto che diletto!* Et en attendant quelle joie! And meanwhile what joy!	And so, what joy!

FIORDILIGI

Et alors quelle joie!	*Ed intanto che diletto!* Et en même temps quelle joie! And meanwhile what joy!	And so, what joy!

FIORDILIGI e DORABELLA

Quel amusement vais-je en éprouver!	*Che spassetto io proverò!* Quel amusement j'éprouverai! What diversion I will feel!	What fun I am going to have!

Recitativo
Récitatif
Recitative

DON ALFONSO

Ah! courez au jar-	*Ah, correte al giardino, le mie care*	Ah! run to the gar-
din, mes chères	Ah, courez au jardin, les mes chères	den, my dear girls!
filles! Quelle	Ah, run to the garden, the my dear	What joy! such mu-
joie! quelle musi-		sic! such singing!
que! quel chant!	*ragazze! Che allegria! che musica!*	What a brilliant show!
Quel brillant spec-	filles! Quelle allégresse! quelle musique!	What an enchantment!
tacle! quel en-	girls! What . joy! what music!	Hurry up, run!
chantement! Dépê-		
chez-vous, courez!	*che canto! che brillante spettacolo!*	
	quel chant! quel brillant spectacle!	
	what singing! what brilliant show!	
	che incanto! Fate presto, correte!	
	quel enchantement! Faites vite, courez!	
	what enchantment! Make haste, run!	

DORABELLA

Que diable cela	*Che diamine esser può?*	The Deuce! what can
peut-il être?	Que diable être peut?	this be?
	The Deuce! to be (what) can?	

DON ALFONSO

Vous le verrez	*Tosto vedrete.*	You will soon see.
bientôt.	Tôt (vous) verrez.	
	Soon (you) will see.	

21. *Duetto con coro.*
Duo   avec choeur.
Duet with chorus.

FERRANDO e GUGLIELMO

Répondez, brises amicales, répondez à mes désirs et portez mes soupirs à la déesse de mon coeur!

Secondate, aurette amiche,   secondate i miei
Secondez,   brises   amies,   secondez mes
Favour,   breezes friends, favour   my

desiri, e   portate i miei sospiri alla
désirs, et portez mes   soupirs à la
desires, and carry   my   sighs   to the

Dea   di questo cor! Voi, che udiste
déesse de ce   coeur! Vous, qui entendîtes
goddess of this heart! You, who heard

Help, friendly breezes, help my wishes, and carry my sighs to the goddess of my heart.

Vous qui avez entendu mille fois la grandeur de mon chagrin, répétez à mon cher trésor, tout ce que vous avez entendu.

mille   volte il tenor   delle mie pene,
mille   fois la teneur de   mes peines,
thousand times the contents of my sorrow,

ripetete al   caro bene   tutto quel che
répétez au   cher trésor tout ce   que
repeat   to the dear beloved all   what

udiste   allor.
(vous) entendîtes alors.
(you) heard   then.

You have heard a thousand times the magnitude of my sorrow; repeat to my beloved all you have heard.

CORO

Secondez, brises amicales, le désir de si beaux coeurs.

Secondate, aurette amiche,   il desir di sì
Secondez, brises   amies,   le désir de si
Favour,   breezes friends, the desire of so

Answer, gentle breeze, the wish of such kind hearts.

bei cor.
beaux coeurs.
fine hearts.

Recitativo
Récitatif
Recitative

DON ALFONSO

Déposez tout cela sur ces petites tables, et retournez à la barque, mes amis.	*Il tutto deponete sopra quei tavolini,* Le tout déposez sur ces petites tables, The whole lay on these little tables,	Lay all those things on these little tables, and go back to the boat, my friends.

e nella barca ritiratevi, amici.
et dans la barque retirez-vous, amis.
and in the boat return, friends.

FIORDILIGI e DORABELLA

Qu'est-ce que cette mascarade?	*Cos'è tal mascherata?* Qu' est telle mascarade? What is such masquerade?	What does this masquerade mean?

DESPINA

Courage, allons, courage! avez-vous perdu l'usage de la parole?	*Animo, via! coraggio! avete perso* Courage, allons, courage! avez-(vous) perdu Courage, come on, courage! have (you) lost	Be brave, come on! courage! have you lost the use of speech?

l'uso della favella?
l'usage de la langue?
the use of the tongue?

FERRANDO

Je tremble et palpite des pieds à la tête.	*Io tremo e palpito della testa alle* Je tremble et palpite de la tête aux I tremble and throb from the head to the	I am trembling and throbbing all over.

piante.
plantes (des   pieds).
sole   (of the foot).

GUGLIELMO

L'amour lie les
mains d'un vérita-
ble amant.

Amor lega le membra a   vero amante.
Amour lie les membres à (un) vrai amant.
Love   ties les members to (a) real lover.

Love binds the hand
of the true lover.

DON ALFONSO

Allez, encouragez-
les.

Da brave incorraggiateli.
Allons   encouragez-les.
Come on   encourage them.

Go on, encourage
them.

FIORDILIGI

Parlez!

Parlate!
Parlez!
Speak!

Speak to us!

DORABELLA

Vous êtes libres,
dites maintenant ce
que vous désirez.

Liberi dite   pur   quel che   bramate.
Libres dites   donc   ce que (vous) désirez.
Free   tell (us) however what   (you) wish.

Now that you are free,
tell us your wish.

FERRANDO

Madame.

Madama.

Lady.

GUGLIELMO

Même Mesdames.

Anzi   Madame.
Plutôt Mesdames.
Or   Ladies.

Or Ladies.

FERRANDO

Toi, parle d'abord.	*Parla pur tu.*	You speak first.
	Parle toujours toi.	
	Speak first you.	

GUGLIELMO

Non, non, parle d'abord.	*No, no, parla pur tu.*	No, no, you speak first.
	Non, non, parle (d'abord) toi.	
	No, no, speak (first) you.	

DON ALFONSO

Oh! que diable! cessez ces minauderies dignes du siècle dernier. Petite Despina, finissons-en; fais avec celle-là ce que je vais faire avec celle-ci.

Oh! cospetto del diavolo! lasciate tali
Oh! présence du diable! laissez telles
Oh! good Heavens! leave out such

smorfie del secolo passato. Despinetta,
grimaces du siècle passé. Despinetta,
grimaces from century passed. Despinetta,

terminiam questa festa, fa tu con lei,
terminons cette fête, fais toi avec elle,
let (us) end this party, do you with her,

quel ch'io farò con questa.
ce que je ferai avec celle-ci.
what I will do with this one.

Oh! good Heavens! Stop such old-fashioned ceremonies. Little Despina, let us end this party; act toward one of your mistresses as I shall act toward the other.

22. *Quartetto*
    Quatuor
    Quartet

DON ALFONSO

(à Dorabella)
Donnez-moi la main, bougez un peu.

La mano a me date, movetevi un po'.
La main à moi donnez remuez-vous un peu.
The hand to me give move yourself a bit.

(to Dorabella)
Give me your hand, move a little.

(à Ferrando et Guglielmo)
Puisque vous ne parlez pas, je parlerai pour vous.
(à Fiordiligi)
Un esclave tremblant vous demande pardon. Il voit bien qu'il vous offensa, mais si peu, et maintenant il souffre mais se tait.

Se voi non parlate per voi parlerò.
Si vous ne parlez pour vous (je) parlerai.
If you not speak for you (I) will speak.

Perdono vi chiede un schiavo tremante!
Pardon vous demande un esclave tremblant!
Pardon to you asks a slave trembling!

V'offese lo vede, ma solo
Vous offensa le voit, mais seulement
You offensed it sees, but only

un istante, or pena, ma tace,
un moment, maintenant souffre, mais se tait,
one moment, now (he) suffers, but keeps silent,

(to Ferrando and Guglielmo)
Since you do not want to speak, I will speak for you.
(to Fiordiligi)
A trembling slave begs your pardon. He can very well see that he has offended you, but very little, and now he suffers, but keeps silent.

FERRANDO e GUGLIELMO

Il se tait,

Tace,
Se tait,
Keeps silent,

He keeps silent,

DON ALFONSO

Maintenant il vous laisse en paix,

Or lasciavi in pace,
Maintenant laisse vous en paix,
Now (he) leaves you in peace,

Now he leaves you in peace,

FERRANDO e GUGLIELMO

En paix!

In pace!
En paix!
In peace!

In peace!

DON ALFONSO

Puisqu'il ne peut pas ce qu'il veut, il voudra ce qu'il peut.

Non può quel che vuole, vorrà quel che può.
Ne peut ce qu'(il) veut, voudra ce qu'(il) peut
Not can what (he) wants, will want what (he) can.

Since he is unable to do what he wants, he will want to do what he can.

FERRANDO e GUGLIELMO
Non può quel che vuole, vorrà quel che può,

DON ALFONSO
vorrà quel che può,

FERRANDO e GUGLIELMO
vorrà quel che può,

DON ALFONSO

Allons, répondez!
vous regardez et
vous riez?

Su via,	*rispondete!*	*guardate,*	*e*	*ridete?*
Allons,	répondez!	(vous) regardez	et	(vous) riez?
Come on,	answer!	(you) look	and	(you) laugh?

Come on, answer!
you look and you
laugh?

(aux dames)
Je répondrai pour
voûs.

DESPINA

Per	*voi*	*la*	*risposta*	*a*	*loro*	*darò.*
Pour	vous	la	réponse	à	eux	(je) donnerai.
For	you	the	answer	to	them	(I) shall give.

(to the ladies)
I shall answer for
you.

(à Don Alfonso)
Ce qui est passé
est passé. Oublions
tout. Que soit
rompu désormais
ce lien, signe de
servitude.

Quello	*ch'è*	*stato è*	*stato,*	*scordiamci*	*del*
Ce	qui a	été a	été,	oublions	le
What	that has been	has been,	let (us) forget	the

(To Don Alfonso)
What has been, has
been. Let us forget
about the past. This
bond should be broken
by now, for it is a
sign of slavery.

passato.	*Rompasi*	*omai*	*quel laccio,*	*segno*
passé.	Que se rompe	désormais	ce lien,	signe
past.	May be broken by now	this bond,	sign

Offrez-moi le bras,
ne soupirez plus.

di servitù.	*A*	*me*	*porgete il*	*braccio,*	*nè*
de servitude.	A	moi	offrez le	bras,	ni (ne)
of slavery.	To	me	offer the	arm,	nor (no)

Offer me your arm,
and do not sigh any
more.

sospirate più.
soupirez plus.
sigh more.

158

(à demi voix)
De grâce partons,
voyons ce qu'ils
savent faire, j'es-
time qu'elles sont
plus fortes que le
diable si elles ne
tombent pas mainte-
nant.

DESPINA e DON ALFONSO

Per carità partiamo,   qual che   san   far
De grâce partons,   ce   qu'(elles) savent faire
By mercy let (us) go, what   (they) know to do

veggiamo,   le stimo più del   diavolo
voyons,   (je) les estime plus que le diable
let (us) see, (I) them esteem more than the devil

s'ora   non   cascan giù.
si maintenant (elles) ne   tombent.
if now   (they) do not fall down.

(mezza voce)
By mercy, let us
leave and see what
they can do; they
would be stronger
than the devil if
they do not yield
now.

Recitativo
Récitatif
Recitative

FIORDILIGI

| Oh! quelle belle journée! | *Oh! che bella giornata!*
Oh! quelle belle journée!
Oh! what beautiful day! | Oh! what a beautiful day! |

FERRANDO

| Plutôt chaude. | *Caldetta anzi ché no.*
Un peu chaude plutôt.
A little hot rather (than not). | Rather hot. |

DORABELLA

| Quels charmants arbrisseaux! | *Che vezzosi arboscelli!*
Quels charmants arbrisseaux!
What charming shrubs! | How charming these shrubs are! |

GUGLIELMO

| Certes, certes.
Ils sont beaux; ils ont plus de feuilles que de fruits. | *Certo, certo : son belli : han*
Certes, certes : (ils) sont beaux : (ils) ont
Of course, of course : (they) are beautiful : (they) have

più foglie che frutti.
plus de feuilles que de fruits.
more leaves than fruits. | Sure, sure : they are beautiful; they have more leaves than fruit. |

FIORDILIGI

| Comme ces avenues sont agréables; voulez-vous faire une promenade? | *Quei viali come sono leggiadri;*
Ces allées comme (elles) sont gracieuses;
These avenues how (they) are graceful; | How graceful these avenues are! Would you like to take a walk? |

volete   passeggiar?
voulez-(vous) promener?
would   (you)   (take a) walk?

FERRANDO

Je suis prêt, très chère, à accéder au moindre de vos désirs.

Son   pronto, o cara ad ogni   vostro cenno.
(Je) suis prêt, ô chère à chaque vôtre signe.
(I)   am   ready, oh dear, to any   of your signal.

I am ready, my dear, to obey any of your wishes.

FIORDILIGI

Vous êtes trop gentil.

Troppa   grazia!
Trop de   grâce!
To   much grace!

You are too kind.

(à Guglielmo)
(Voici le grand moment.)

(Eccoci   alla   gran   crisi.)
(Nous voici   à la   grande crise.)
(We   are here at the big   crisis.)

(to Guglielmo)
(Here comes the great moment.)

FIORDILIGI

Que lui avez-vous dit?

Cosa   gli avete   detto?
Que   lui avez-(vous) dit?
What to him have (you) said?

What did you tell him?

FERRANDO

Je lui ai recommandé de bien l'amuser.

Eh!   gli raccomandai di divertirla   bene.
Hé! (je)   lui recommandai de divertir   elle bien.
Eh! (I)   to him recommended to divert   her well.

I told him to entertain her well.

DORABELLA

Promenons-nous aussi?

Passeggiamo   anche noi?
Promenons-(nous) aussi nous?
Let (us) walk   too (us)?

Let us take a walk too?

GUGLIELMO

Comme il vous plaira. Hélas!	*Come vi piace. Ahimè!* Comme vous plait. Hélas! As to you pleases. Alas!	As you like. Alas!

DORABELLA

Qu'avez-vous?	*Che cosa avete?* Quelle chose avez-(vous)? What thing have (you)?	What is the matter?

GUGLIELMO

Je me sens si mal, si mal qu'il me semble que je vais mourir, ma chère âme!	*Io mi sento sì male, sì male, anima mia,* Je me sens si mal, si mal, âme mienne, I me feel so bad, so bad, soul mine, *che mi par di morire.* que me semble de mourir. that me seem to die.	I feel so ill, so ill, that I think I am going to die, dear soul!

DORABELLA

(Il n'arrivera rien du tout.) Ce sont probablement les reliquats du poison que vous avez bu.	*(Non otterrà nientissimo.) Saranno* (N'arrivera rien du tout.) Seront (Will happen nothing at all.) Shall be *rimasugli del velen che beveste.* restes du poison que (vous) bûtes. remains of the poison that (you) drank.	(Nothing at all will happen.) These are probably the remains of the poison you drank.

GUGLIELMO

Oh! je bois en ce moment un poison beaucoup plus fort dans ces cruels et ardents volcans amoureux (que sont vos yeux).	*Ah! che un veleno assai più forte io bevo* Ah! car un poison beaucoup plus fort je bois Ah! for a poison much more strong I drink *in que' crudi e focosi mongibelli amorosi.* dans ces cruels et ardents volcans amoureux. in these cruel and ardent volcanos amorous.	Ah! the poison I am drinking now in your eyes, those cruel and ardent volcanos, is much stronger.

DORABELLA

Ce poison doit être très chaud; refroidissez-vous un peu.

Sarà	veleno	calido;	fatevi		un poco	fresco.
Sera	poison	chaud;	faites-vous		un peu	frais.
Will be	poison	hot;	make	yourself	a bit	fresh.

This poison is very hot; cool yourself a little.

GUGLIELMO

Ingrate, vous badinez tandis que je me meurs! (Ils sont disparus : où diable sont-ils allés?)

Ingrata,	voi	burlate,	ed intanto		io
Ingrate,	vous	badinez,	et en attendant	je	
Ungrateful,	you	joke,	and meantime		I

mi	moro!	(Son	spariti :	dove	diamin
me	meurs!	((Ils)	sont disparus :	où	diable
myself	die!	((They)	have disappeared :	where the devil	

son	iti?)
sont-(ils)	allés?)
have (they)	gone?)

Ungrateful lady, you jest, while I am dying. (They have disappeared : where the Deuce have they gone?)

DORABELLA

Hé! voyons n'en faites rien.

Eh!	via	non	fate!
Hé!	voyons	ne le	faites!
Eh!	come on	not	do it!

Eh! come on, do not worry.

GUGLIELMO

Tandis que je me meurs, cruelle, vous badinez?

Io mi moro,	crudele,	e	voi	burlate?
Je me meurs,	cruelle,	et	vous	badinez?
I	die,	cruel,	and you	joke?

I am dying, cruel lady and you are joking?

DORABELLA

Je badine? je badine?

Io burlo?	io burlo?
Je badine?	je badine?
I joke?	I joke!

I am joking? I am joking?

GUGLIELMO

Belle âme, donnez-moi donc quelque preuve de votre pitié.	*Dunque datemi qualche segno, anima bella,* Donc donnez-moi quelque signe, âme belle, So give me some sign, soul beautiful, *della vostra pietà.* de votre pitié. of your pity.	Then, beautiful soul, give me some token of your pity.

DORABELLA

Deux, si vous voulez; dites-moi quoi faire et vous verrez.	*Due, se volete; dite quel che far deggio,* Deux, si vous voulez; dites ce que faire (je) dois, Two, if you want; tell what to do (I) must, *e lo vedrete.* et le verrez. and it (you) will see.	Two tokens, if you wish; tell me what I have to do and you will see.

GUGLIELMO

(Plaisante-t-elle, ou dit-elle la vérité?) Daignez accepter ce petit cadeau.	*(Scherza, o dice davvero!) Questa picciola* (Plaisante, ou dit vrai!) Cette petite (Does (she) jest, or speaks (the) truth!) This little *offerta d'accettare degnatevi.* offrande d'accepter daignez-vous. offering to accept deign you.	(Is she joking or is she telling the truth?) Deign to accept this small gift.

DORABELLA

Un coeur?	*Un cor?* Un coeur? A heart?	A heart? (A locket?)

GUGLIELMO

Oui, un coeur : symbole de mon propre coeur qui brûle, languit et souffre pour vous.	*Un core : è simbolo di quello ch'arde,* Un coeur : est symbole de celui qui brûle, A heart : is symbol of the one that burns,	Yes, a heart : it is the symbol of my burning heart, languishing and suffering for you.

languisce,   e   spasima per   voi.
languit,   et   souffre pour vous.
languishes, and suffers for   you.

DORABELLA

(Quel précieux ca-   *(Che   dono prezioso!)*   (What a precious
deau!)   (Quel don   précieux!)   gift!)
                      (What gift precious!)

GUGLIELMO

L'acceptez-vous?   *L'accettate?*   Will you accept it?
                      L'acceptez-(vous)?
                      It (you) accept?

DORABELLA

Vous êtes cruel de   *Crudele, di sedur   non   tentate un cor   fedele.*   Cruel man! do not
tenter de séduire   Cruel,   séduire ne   tentez un coeur fidèle.   attempt to seduce a
un coeur fidèle.   Cruel,   to seduce do not attempt a heart faithful.   faithful heart.

GUGLIELMO

(La montagne chan-   *(La montagna vacilla :   mi spiace,   ma*   (The mountain shakes;
celle; cela ne me   (La montagne vacille :   me déplaît,   mais   I do not like this,
plaît pas, mais mon   (The mountain vacillates : me displeases, but   but my honour as a
honneur de soldat   soldier is at stake.)
est engagé.) je   *impegnato è   l'onor   di soldato.) V'adoro!*   I adore you!
vous adore!   engagé   est l'honneur de soldat.)   (Je) vous adore!
                      engaged   is the honour of soldier.) (I) you adore!

DORABELLA

De grâce!   *Per pietà!*   Mercy!
                      Par pitié!
                      By pity!

GUGLIELMO

Je suis tout à vous.	*Son*	*tutto*	*vostro!*	I am all yours.
	Suis	tout	vôtre!
	Am	all	yours!

DORABELLA

Oh! dieux!	*Oh!*	*Dei!*	Oh! gods!
	Oh!	Dieux!
	Oh!	gods!

GUGLIELMO

Cédez, ma chère.	*Cedete,*	*o*	*cara!*	Surrender, my dear.
	Cédez,	ô	chère!
	Surrender,	oh	dear!

DORABELLA

Vous allez me faire mourir.	*Mi farete*	*morir.*	You will make me die.
	Me ferez	mourir.
	Me will make	die.

GUGLIELMO

Nous mourrons ensemble, tel est mon espoir amoureux.	*Morremo*	*insieme,*	*amorosa*	*mia*	*speme.*	We shall die together, this is my loving hope.
	Mourrons	ensemble,	amoureuse	mienne	espérance.
	Will die	together,	amorous	mine	hope.

L'acceptez-vous?	*L'accettate?*	Will you accept it?
	(Vous) l'acceptez?
	It (you) accept?

DORABELLA

Je l'accepte.	*L'accetto.*	I accept it.
	(Je) l'accepte.
	(I) accept it.

(Pauvre Ferrando)
Oh! quelle joie!

GUGLIELMO

(Infelice   Ferrando!) Oh! che   diletto!
(Malheureux Ferrando!) Oh! quelle joie!
(Unfortunate Ferrando!) Oh what   joy!

(Poor Ferrando)
What joy!

23. *Duetto*
    Duo
    Duet

GUGLIELMO

Je vous donne mon
coeur, ma belle
idole, mais je
veux le vôtre en
échange! Allons
donnez-le moi.

Il   core vi   dono, bell' idolo mio!
Le coeur vous   donne, belle idole mienne!
The heart to you (I) give, nice idol mine!

Ma   il vostro vo'anch'io!   via
Mais le vôtre (je) veux aussi moi! allons
But yours   (I) want also (I)! come on

datelo. a me.
donnez-le à moi.
give   it to me.

I give you my heart,
you my beloved, but
I expect yours in
return. Come on,
give it to me.

DORABELLA

Vous me donnez le
vôtre, je le prends,
mais je ne vous don-
ne pas le mien en
retour; vous me le
demanderiez en vain,
il ne m'appartient
plus.

Mel   date,   lo   prendo, ma   il mio non vi
Me   le donnez, le   prends, mais le mien ne vous
To me it give, it (I) take, but mine   not to you

rendo, invan me'l chiedete, più meco
rends, en vain me le demandez, plus avec moi
give, in vain me it you ask, more with me

ei non è.
il n'est.
it not is.

You have given me
yours, I shall take
it, but mine I can-
not give you; you
would ask in vain for
it I do not own it
any more.

GUGLIELMO

Si tu ne l'as plus,
comment se fait-il
qu'il batte ici?

Se teco   non l'hai, perché batte   qui?
Si avec toi ne l'as,   pourquoi bat- (il) ici?
If with you not it have, why   beats (it) here?

If you do not own it
any more, how come
that it is beating
here?

DORABELLA

Si tu me l'as donné,
comment saute-t-il
si fort là?

Se a me tu lo dai,   che   mai balza
Si à moi tu le donnes, pourquoi donc fort   saute-t-(il)
If to me you it give,   why   very strong pounds (it)

If you have given it
to me, how come that
it throbs so strongly
there?

lì?
là?
there?

GUGLIELMO

Pourquoi bat-il
ici?

Perchè   batte,   batte,   batte   qui?
Pourquoi bat- (il), bat- (il), bat- (il) ici?
Why   beats (it), beats (it), beats (it) here?

Why is it beating
here?

DORABELLA

Pourquoi donc saute-
t-il si fort, là?

Che   mai balza, balza, balza lì?
Pourquoi donc saute, saute, saute là?
How   come pounds, pounds, pounds there?

How come it throbs
so very strongly
there?

DORABELLA e GUGLIELMO

Et mon petit coeur,
qui n'est plus à
moi, est venu rester
chez toi et il bat
bien fort.

E il mio coricino,   che più non è   meco,
Et mon   petit coeur, qui plus n'est   avec moi,
And my   little heart, which no more is with me,

ei venne a star   teco,   ei batte così.
il vint à rester avec toi, il bat   ainsi.
it came to stay   with you, it beats thus.

And my little heart,
which is no longer
mine, has come to
live with you, and
it beats thus.

GUGLIELMO

Laissez-moi le met-
tre ici.

Qui lascia che   il metta.
Ici laissez que (je) le mette.
Here leave that (I) it put.

Allow me to put it
here.

FIORDILIGI

Il n'a pas sa place ici.

Ei quì non può star.
Il ici ne peut être.
It here not can be.

It cannot possibly be put here.

GUGLIELMO

Je t'entends, petite friponne.

T'intendo furbetta.
(Je) t'entends petite friponne.
(I) hear you little crafty (girl).

I hear you crafty little thing.

DORABELLA

Que fais-tu?

Che fai?
Que fais-(tu)?
What do (you)?

What are you doing?

GUGLIELMO

Ne regarde pas.

Non guardar.
Ne regarde.
Not look.

Do not look.

DORABELLA

(à part)
Il me semble avoir un Vésuve dans le coeur.

Nel petto un Vesuvio d'avere mi par.
Dans le sein un Vésuve d'avoir me semble.
In the bosom a Vesuvio to have me seems.

(aside)
I feel I have a Vesuvio in my heart.

GUGLIELMO

(à part)
Pauvre Ferrando! Cela me semble impossible.

Ferrando meschino! possibil non par.
Ferrando pauvre! possible ne semble.
Ferrando poor! possible not seems.

(aside)
Poor Ferrando! it does not seem possible.

Regarde-moi.

L'occhietto a me gira.
Le petit oeil à moi tourne.
The little eye to me turn.

Look at me.

DORABELLA

Que veux-tu?	*Che brami?* Que désires-(tu)? What wish (you)?	What do you want?

GUGLIELMO

Regarde encore, cela ne peut mieux aller.	*Rimira, rimira se* Regarde de nouveau, regarde de nouveau si Look again, look again if *meglio può andar.* mieux peut aller. better can go.	Look again; nothing could be better.

DORABELLA e GUGLIELMO

Oh! heureux échan- ge de coeurs et de sentiments!	*Oh cambio felice, di cori, e d'affetti!* Oh échange heureux de coeurs et de sentiments! Oh exchange happy, of hearts and of sentiments!	Oh! what a happy exchange of hearts and of sentiments.
Quelles joies nou- velles, quelle dou- ce souffrance!	*Che nuovi diletti, che dolce penar!* Quelles nouvelles joies, quelle douce peine! What new joys, what sweet pains!	What new joys, what sweet pains!

Recitativo
Récitatif
Recitative

FERRANDO

Cruelle, pourquoi me fuis-tu?	*Barbara! perché fuggi?* Cruelle! pourquoi fuis-(tu)? Cruel why fly (you)?	Cruel one, why are you running away?

FIORDILIGI

J'ai vu (en toi) un aspic, une hydre, un lézard.	*Ho visto un aspide, un' idra, un basilisco.* (J)'ai vu un aspic, une hydre, un basilic. (I) have seen an asp, a hydra, a basilisk.	I have seen (in you) an asp, a hydra, a lizard.

FERRANDO

Ah! cruelle, je te comprends! Tu ne vois en moi que l'aspic, l'hydre, le lézard et tout ce que les déserts de Lybie ont de plus féroce.	*Ah! crudel ti capisco! L'aspide, l'idra,* Ah! cruelle (je) te comprends! L'aspic, l'hydre, Ah! cruel (I) you understand! The asp, the hydra, *il basilisco, e quanto i Libici deserti* le lézard, et tout ce que les Lybiens déserts the lizard, and all that the Lybian deserts *han di più fiero in me solo tu vedi!* ont de plus féroce en moi seulement tu vois! have of more wild in me only you see!	Ah! cruel lady! I understand you. You compare me to the asp, the hydra, the lizard and to the most ferocious creatures in the Lybian deserts.

FIORDILIGI

Ce n'est que trop vrai. Tu veux troubler ma paix.	*È vero, è vero. Tu vuoi tormi la pace.* Est vrai, est vrai. Tu veux ôter à moi la paix. Is true, is true. You want deprive me (of) the peace.	It is true. You want to disturb my peace.

FERRANDO

Mais seulement dans le but de te rendre heureuse.

Ma per farti felice.
Mais pour faire toi heureuse.
But to make you happy.

But only to make you happy.

FIORDILIGI

Cesse de me tourmenter!

Cessa di molestarmi!
Cesse de m'ennuyer!
Stop to annoy me!

Stop troubling me!

FERRANDO

Je ne te demande qu'un regard.

Non ti chiedo ch'un guardo.
Ne te demande qu'un regard.
Not you ask only one look.

I am begging for only one glance.

FIORDILIGI

Va-t-en.

Partiti.
Pars.
Go.

Go!

FERRANDO

N'en espère pas tant, avant que tu n'aies d'abord jeté sur moi un regard moins sévère. Oh ciel! Tu me regardes et tu soupires?

Non sperarlo se pria gli occhi
Ne espère le si d'abord les yeux
Not hope it if first the eyes

men fieri a me non giri. *O ciel! ma tu*
moins sévères à moi ne tournes. Oh ciel! mais tu
less severe to me not turn. Oh heaven! but you

mi guardi, e poi sospiri?
me regardes, et puis soupires?
me look at, and then sigh?

Do not hope to see me go before turning gentler eyes toward me. Oh heavens! but now you are looking at me with a sigh?

24. *Aria*
    Air
    Aria

FERRANDO

Ah! je le vois bien,
ta belle âme ne peut
résister à mes lar-
mes, tu n'es pas fai-
te pour te refuser
à des sentiments de
dévotion amicale.

Ton regard, tes chers
soupirs, sont autant
de rayons qui éclai-
rent mon coeur; déjà
tu réponds à mes
désirs, tu cèdes à
mon tendre amour.

Cependant tu me fuis,
cruelle, et tu te
tais et c'est vaine-
ment que tu me sens
languir?
Ah! faux espoirs
cessez, puisque cette
femme cruelle me con-
damne à mourir.

Ah! lo veggio, quell'anima bella al mio
Ah! le vois, cette âme belle à mon
Ah! it (I) see, this soul nice to my

pianto resister non sa, non è fatta per esser
pleur résister ne sait, n'est faite pour être
tear resist not know, not is made to be

rubella (ribella), agli affetti di amica pietà.
rebelle, aux sentiments d'amicale dévotion.
rebel, to the sentiments of friendly devotion.

In quel guardo, in quei cari sospiri, dolce
Dans ce regard, dans ces chers soupirs, doux
In this look, in these dear sighs, sweet

raggio lampeggia al mio cor; già rispondi a
rayon éclaire à mon coeur; déjà (tu) réponds à
ray lightens to my heart; already answer (to)

miei caldi desiri, già tu cedi al più
mes chauds désirs, déjà tu cèdes au plus
my warm desires, already you yield to the most

tenero amor. Ma tu fuggi spietata, tu taci
tendre amour. Mais tu fuis inhumaine, tu (te) tais,
tender love. But you fly merciless, you keep silent,

ed invano mi senti languir? Ah cessate speranze
et en vain me sens languir? Ah cessez espérances
and in vain me feel languish? Ah stop hopes

fallaci! La crudel mi condanna a morir, la crudel!
fausses! La cruelle me condamne à mourir, la cruelle!
false! The cruel me condemns to die, the cruel!

Ah! I can see very
well that your tender
soul cannot resist
my tears; you were
not born to be re-
bellious to the sen-
timents of friendly
devotion.

My heart is bright-
ened by your eyes,
and by your sighs;
you have already gi-
ven an answer to my
wishes, you have
surrendered to my
tender love.

However, my cruel
one, you are avoiding
me and you are si-
lent; you know that
I languish in vain.
Ah! away with fal-
se hopes! This
cruel lady is condem-
ning me to die.

Recitativo
Récitatif
Recitativo

FIORDILIGI

Il part! Ecoutez-moi! Ah non! Qu'on le laisse partir, qu'on enlève devant mes yeux l'objet fatal de ma faiblesse.	*Ei parte! Senti! Ah, no! partir si lasci,* Il part! Ecoutez! Ah, non! partir qu'on laisse, He leaves! Listen! Ah, non! to leave one may let,		He is leaving! Listen to me! Ah no! let him go; may this fatal cause of my weakness be removed from my sight.

si   tolga . ai sguardi miei l'infausto oggetto
qu'on ôte   aux regards miens le fatal objet
one may remove to eyes   mine the fatal   object

Quelle expérience me fit subir cet homme cruel. Je reçois le prix bien mérité de mes fautes!

della mia debolezza.   A qual   cimento il barbaro
de   ma faiblesse. A quelle épreuve le barbare
of   my weakness. To what   test   the cruel

What a test this cruel man has given me. I have been well rewarded for my guilt!

mi pose!   Un premio è   questo ben dovuto a mie
me plaça!   Un prix est ceci bien dû   à mes
me placed! A reward is this well due   to my

En ce moment devais-je écouter les soupirs d'un nouvel amant? J'aurais dû tourner ses complaintes en ridicule?

colpe! In tale istante dovea di nuovo   amante
fautes! En tel moment devais de nouvel amant
faults! In such moment should of (a) new lover

At such a time, should I ever have listened to the sighs of a new lover? Should I have made a game of his complaints?

i   sospiri ascoltar? L'altrui   querele   dovea
les soupirs écouter? De l'autre (les) plaintes devais
the sighs   listen?   Of the other (the) complaints should

Ah! mon coeur a raison de me condamner!

volger in gioco? ah, questo core a ragione
tourner en jeu?   ah, ce   coeur à raison
turn   to play?   ah, this heart rightly

Ah, my heart, you are right when you condemn me, oh just love!

Je brûle, mais mon ardeur n'est plus celle d'un amour vèrtueux : il est

condanni,   o giusto amore! Io ardo, e
(tu) condamnes, ô juste amour! Je brûle, et
(you) condemn, oh just love!   I burn, and

I am burning, but my ardour is not that of a virtuous love : it is folly,

folie, crainte, re-
mords, repentir,
légèreté, perfidie
et trahison.

l'ardor   mio   non è più effetto di un amor
l'ardeur   mienne n'est plus effet d'un amour
the ardour mine   not is more effect of a love

virtuoso : è smania, affanno, rimorso, pentimento,
vertueux : est folie,   crainte, remords, repentir,
virtuous : is folly,   fear,   remorse, repentance,

leggerezza, perfidia, e tradimento!
légèreté,   perfidie, et trahison!
fickleness, perfidy, and treason!

fear, remorse, repen-
tance, fickleness,
perfidy, and treason.

25. Rondo

FIORDILIGI

De grâce, bien-aimée,
pardonne à l'erreur
de mon âme aimante;
je tiendrai toujours
cachée parmi les
ombres et les plan-
tes cette erreur de
ma part.

Per pietà, ben mio, perdona all'error
Par pitié, bien-aimé, pardonne à l'erreur
By mercy, beloved,   forgive to the error

d'un alma amante; fra quest'ombre, e
d'une âme aimante; parmi ces   ombres, et
of a soul loving; among these shadows, and

queste piante, sempre ascoso, oh Dio, sarà!
ces   plantes, toujours caché, oh Dieu, sera!
these plants,   always   hidden, oh God, will be?

For mercy's sake,
beloved, forgive the
mistake of a loving
soul; oh God! this
error of mine will
always remain hidden
in the shadows and
under foliage.

Ce désir impie révé-
lera mon courage, ma
constance perdra la
mémoire de ce qui
tant me fait honte
et horreur.

Svelerà   quest'empia voglia, l'ardir mio,
Dévoilera cette impie volonté, le courage mien,
Will unveil this wicked will,   the courage mine,

la mia costanza, perderà la rimembranza, che
ma constance,   perdra   la mémoire,   qui
my faithfulness, will lose the memory,   that

This wicked desire
will show my courage;
my faithfulness will
forget the horror
which makes me so
ashamed of myself.

A qui jamais mon
coeur ingrat manqua-
t-il à sa foi?
Cher bien-aimé, ta
candeur méritait
une meilleure récom-
pense.

vergogna e orror   mi fa.   A chi mai
honte   et horreur   me fait. A qui jamais
shame   and horror   to me makes. To whom ever

mancò di fede questo vano ingrato   cor?
manqua de foi   ce   vain ingrat   coeur?
lacked of faith this   vain ungrateful heart?

Si dovea miglior mercede,   caro bene, al
On devait meilleure récompense, bien-aimé, à
One owed   better   reward,   beloved,   to

tuo candor!
ta   candeur!
your candour!

My vain ungrateful
heart, who has never
lacked faith before!
My beloved, should
have received a
greater reward.

Recitativo
Récitatif
Recitative

FERRANDO

Ami, nous avons
gagné.

Amico abbiamo   vinto!
Ami (nous) avons vaincu!
Friend (we) have won!

My friend, we have
won.

GUGLIELMO

Un double ou un
triple?

Un ambo   o un terno?
Un double ou un triple?
A   double or a triple?

A double or a triple?

FERRANDO

Une quine, mon ami;
Fiordiligi est la
modestie même.

Una cinquanta (cinquina) amico; Fiordiligi è
Une quine,   ami;   Fiordiligi est
A   set of five,   friend; Fiordiligi is

là modestia in carne.
la modestie en chair.
the modesty in flesh.

Five, my friend;
Fiordiligi is very
modest.

GUGLIELMO

Rien de moins?

Niente meno?
Rien   moins?
Nothing less?

Nothing less?

FERRANDO

Rien du tout; atten-
tion et écoute que
je te raconte comment
cela s'est passé.

Nientissimo;   sta attento e ascolta come
Rien du tout; sois attentif et écoute comment
Nothing at all; be attentive and listen how

Nothing at all; be
attentive and lis-
ten while I tell
you what happened.

```
fù.
fut.
was.
```

GUGLIELMO

| Je t'écoute; allons, dis toujours! | | I am listening to you; come on, tell me everything. |

```
T'ascolto;          di  pur      sù.
(Je) t'écoute;      dis toujours allons.
(I)  to you listen; talk about it.
```

FERRANDO

| Une fois dans le jardin, nous nous mîmes d'accord pour faire une promenade; je lui offris mon bras; on parla de mille choses sans intérêt; enfin on arriva à l'amour. | | We decided to go to the garden and agreed to take a walk; I offered her my arm; we talked indifferently on thousands of subjects, finally we came to love. |

```
Pel      giardinetto,  come  eravam     d'accordo,
Par le   petit jardin, comme étions     d'accord,
By the   little garden, as    (we) were in agreement,

a  passeggiar     mi metto;  le   do    il braccio;
à  promener  (je) me mets;   lui  donne le bras;
to walk      (I)  me start;  to her give the arm;

si parla di mille   cose    indifferenti;  al
on parle de mille   choses  indifférentes; à la
we speak of thousand things indifferent;   at the

fine viensi   all'amor.
fin vient  on à l'amour.
end come    we to love.
```

GUGLIELMO

| Continue. | | Go on. |

```
Avanti.
Continue.
Go forward.
```

FERRANDO

| Je feins les lèvres tremblantes, je feins les larmes, je feins de mourir à ses pieds. | | I feigned trembling lips, I simulated tears, I pretended to die at her feet. |

```
Fingo        labbra tremanti,   fingo  di pianger,
(Je) feins   lèvres tremblantes, feins de pleurer,
(I)  pretend lips   trembling,   pretend to weep,
```

fingo   di morir al suo piè.
feins   de mourir à son pied.
pretend to die   at her foot.

GUGLIELMO

Bravo, mon cher, ma foi! — *Bravo assai per mia fè!   Ed ella?* / Brave très par ma foi! Et elle? / Brave very by my word! And she? — Upon my word, very good, my friend. And what about her?

FERRANDO

D'abord elle rit, puis badine et se moque de moi. — *Ella da prima ride,   scherza, mi burla –* / Elle d'abord rit,   badine, moi moque – / She first   laughs, jests,   me mocks – — First she laughed, she joked and then she mocked me –

GUGLIELMO

Et puis après? — *E   poi?* / Et puis? / And they? — And then?

FERRANDO

Et puis elle feint de s'apitoyer. — *E   poi finge d'impietosirsi –* / Et puis feint de s'apitoyer – / And then feigns to be moved (with compassion) – — And then she feigns to be moved with compassion.

GUGLIELMO

Oh! malepeste! — *Oh! cospettaccio!* / Oh! malepeste! / Oh! good heavens! — Oh! good heavens!

FERRANDO

A la fin, la bombe éclate : elle se conserve pure comme une colombe pour son cher Guglielmo, — *Alfin   scoppia la bomba : pura come* / A la fin éclate   la bombe : pure comme / At the end explodes the bomb : pure as — Finally the bomb explodes : as pure as a dove, she would keep herself for her dear Guglielmo, she

elle me chasse fiè-
rement, me maltraite,
me fuit, me faisant
témoin et ambassa-
deur qu'elle est une
femme sans pareil.

colomba al suo caro Guglielmo ella si serba,
colombe à son cher Guglielmo elle se conserve,
(a) dove to her dear Guglielmo she herself keeps,

mi scaccia superba, mi maltratta, mi fugge,
me chasse fière, me maltraite, me fuit,
me dispels proud, me ill-treats, me runs away,

testimonio rendendomi e messaggio che una
témoin rendant moi et messager que une
witness making me and messenger that a

femmina ell'è senza paraggio.
femme elle est sans pareil.
woman she is without equal.

expelled me proudly,
she ill-treated me,
she ran away, and
made me the witness
and messenger of her
peerlessness.

GUGLIELMO

Bravo pour toi!
Bravo pour moi!
Bravo ma Pénélope!
Laisse-moi t'embras-
ser pour de si heu-
reux augures, oh!
toi, mon fidèle Mer-
cure.

Bravo tu! bravo io! brava la mia Penelope!
Bravo toi! bravo moi! brave ma Pénélope!
Bravo you! bravo me! brava my Penelope!

Lascia un po' ch'io ti abbracci per sì
Laisse un peu que je t'embrasse pour si
Leave a bit that I kiss you for so

felice augurio, oh mio fido Mercurio!
heureux augure, oh mon fidèle Mercure!
happy presage, oh my faithful Mercury!

Bravo to you! Bra-
vo to me! Bravo to
my Penelope! Let
me kiss you for such
a happy presage, oh!
my faithful Mercury.

FERRANDO

Et ma Dorabella,
comment s'est-elle
comportée? Evidem-
ment je n'ai aucun
doute. Je connais
très bien cette âme
sensible.

E la mia Dorabella, come s'è diportata?
Et ma Dorabella, comment s'est-(elle) comportée?
And my Dorabella, how herself has (she) behaved?

Oh non ci ho neppur dubbio! Assai conosco
Oh n' y ai pas même doute! Beaucoup connais
Oh not there have even doubt! Very well (I) know

quella sensibil alma.
cette sensible âme.
that sensitive soul.

And my Dorabella,
how did she behave?
Of course I have not
the slightest doubt!
I know her sensitive
soul so well.

GUGLIELMO

Cependant pour te parler entre quatre yeux (entre quat' z yeux) il ne serait pas si mal d'entretenir un doute.	*Eppur un dubbio, parlandoti a quattr'occhi* Cependant un doute, parlant à toi à quatre yeux Though a doubt, speaking to you in four eyes *non saria mal, se tu l'avessi!* ne serait mal, si tu l'avais! not would be bad, if you it would have!	To be frank with you, it would not be bad for you to doubt.

FERRANDO

Que veux-tu dire?	*Come?* Comment? How?	What do you mean?

GUGLIELMO

Je parle pour parler. (Comme il me plairait de lui dorer la pilule.)	*Dico così per dir! (Avrei piacere* (Je) dis ceci pour dire! ((J')aurais plaisir (I) say thus for say! ((I) would have pleasure *d'indorargli la pillola.)* à dorer lui la pilule.) to gild him the pill.)	I am speaking just for the sake of speaking. (I would like so much to gild the pill for him.)

FERRANDO

Oh! ciel! Elle a peut-être cédé à tes charmes? Ah! si j'avais seulement un soupçon.	*Stelle! Cesse ella forse alle lusinghe* Etoiles! Céda elle peut-être aux charmes Stars! Yielded she maybe to the charms *tue? ah, s'io potessi sospettarlo soltanto!* tiens? ah, si je pouvais soupçonner le seulement! yours? ah, if I could suspect it only!	Oh! heaven! Perhaps she yielded to your charm? Ah! if I had only the slightest suspicion...

GUGLIELMO

C'est toujours prudent de soupçonner un peu en ce monde.	*È sempre bene il sospettare un poco in* Est toujours bien le soupçon un peu en Is always well the suspicion a little in	It is always good to have a little suspicion in this world.

questo mondo.
ce   monde.
this   world.

FERRANDO

Grands dieux! par-	*Eterni Dei! favella : a foco lento non mi far*	Good gods! speak :
le : ne me fais pas	Eternels dieux! parle : à feu lent ne me fais	do you want to kill
mourir à petit feu;	Eternal gods! speak : at fire slow not me make	me inch by inch?
mais non, tu veux		but no, you are ma-
me faire marcher :	*qui morir; ma no, tu vuoi prenderti meco*	king fun of me : she
elle n'aime, elle	ici mourir; mais non, tu veux te moquer de moi (me	loves and adores me,
n'adore que moi.	here die; but no, you want to make fun of me :	and no one else.
	spasso : ella non ama, non adora che me.	
	faire marcher :) elle n'aime, n'adore que moi.	
	she not loves, not adores but me.	

GUGLIELMO

Certes! et comme	*Certo! anzi in prova di suo amor, di sua fede,*	Sure! and the proof
témoignage de son	Certes! même en preuve de son amour, de sa foi,	of her love and of
amour et de sa fi-	Sure! even as proof of her love, of her faith,	her faith, is that
délité, elle m'a		she even gave me this
donné cette jolie	*questo bel ritrattino ella mi diede.*	nice miniature.
miniature.	ce beau petit portrait elle me donna.	
	this nice little portrait she to me gave.	

FERRANDO

Mon portrait? Oh	*Il mio ritratto! Ah perfida!*	My portrait! Ah!
la perfide!	Mon portrait! Ah perfide!	the perfidious woman!
	My portrait! Ah perfidious!	

GUGLIELMO

Où vas-tu?	*Ove vai?*	Where are you going?
	Où vas-(tu)?	
	Where go (you)?	

FERRANDO

French	Italian (interlinear)	English
Je vais arracher le coeur de ce sein scélérat et venger la trahison dont je suis l'objet.	A *trarle il cor dal scellerato petto, e* A tirer lui le coeur du scélérat sein, et To tear the heart from the wicked bosom, and *a vendicar il mio tradito affetto.* à venger mon trahi sentiment. to avenge my betrayed sentiment.	I am going to tear her heart from her bosom, the heart of this wicked woman and thus avenge my betrayed love.

GUGLIELMO

French	Italian (interlinear)	English
Arrête!	*Fermati!* Arrête-toi! Stop you!	Stop it!

FERRANDO

French	Italian (interlinear)	English
Non, laisse-moi!	*No, mi lascia!* Non, me laisse! No, me leave!	No, let me go!

GUGLIELMO

French	Italian (interlinear)	English
Es-tu fou? tu veux t'abandonner au désespoir pour une femme qui ne vaut pas deux sous? (Je ne voudrais pas qu'il fasse une sottise.)	*Sei tu pazzo? vuoi tu precipitarti per una* Es- tu fou? veux-tu ruiner toi pour une Are you stupid? will you ruin yourself for a *donna, che non val due soldi? (Non vorrei,* femme, qui ne vaut deux sous? (Ne voudrais, woman, that not (is) worth two cents? (Not would (I), *che facesse qualche corbelleria!)* qu' (il) fit quelque sottise!) that (he) does some nonsense!)	Are you mad? Do you want to ruin yourself for a woman who is not worth two pennies. (I do not want him to act foolishly!)

FERRANDO

French	Italian (interlinear)	English
Grands dieux! tant de promesses et de larmes, de soupirs	*Numi! tante promesse e lagrime, e* Dieux! tant (de) promesses et larmes, et Gods! so many promises and tears, and	Good gods! How could this wicked woman forget everything in so short a time :

French	Italian (interlinear)	English
et de serments. Comment cette femme cruelle a-t-elle pu oublier tout cela en si peu de temps?	*sospiri, e giuramenti. In sì pochi momenti* soupirs, et serments. En si peu (de) moments sighs, and vows. In so few moments *come l'empia obliò?* comment la cruelle oublia? how the wicked forgot?	her promises, tears, sighs and vows?

GUGLIELMO

| Par Bacchus! je n'en sais rien. | *Per Bacco io non lo so!*
Par Bacchus je ne le sais!
By Jove! I not it know! | By Jove! I do not know. |

FERRANDO

| Que dois-je faire maintenant? Quel parti dois-je prendre, comment dois-je me conformer? Prends pitié de moi, donne-moi un conseil. | *Che fare or deggio? A qual partito,*
Que faire maintenant dois-(je)? A quel parti,
What to do now must (I)? To what decision,

a quale idea m'appiglio? Abbi di me
à quelle idée moi (j')attache? Aie de moi
to what idea me hold on? Have of me

pietà, dammi consiglio!
pitié, donne-moi conseil!
pity, give me advice! | What should I do now? What decision should I take, what should I think? Have pity on me, give me some advice! |

GUGLIELMO

| Mon ami, je ne saurais vraiment pas quel conseil te donner. | *Amico non saprei qual consiglio a te*
Ami, (je) ne saurais quel conseil à toi
Friend, (I) not would know what advice to you

dar!
donner!
give! | My friend, I really would not know what kind of advice to give you. |

FERRANDO

Cruelle! ingrate!
en un seul jour! en
quelques heures!

Barbara! ingrata! in un giorno!
Cruelle! ingrate! en un jour!
Cruel! ungrateful! in one day!

in poch'ore!
en peu d'heures!
in few hours!

O cruel one! ungra-
teful woman! in a
single day! in just
a few hours!

GUGLIELMO

C'est certes un cas
étonnant.

Certo un caso quest'è da far stupore.
Certes un cas ceci est à faire stupeur.
Surely one case this is to make stupor.

This is certainly
an astonishing case.

26. Aria
    Air
    Aria

GUGLIELMO

Mesdames, vous jouez
cette comédie à
tant et tant! Car
pour vous dire la
vérité, les amants
qui se plaignent
ont ma sympathie.
J'aime les femmes,
vous le savez, cha-
cun le sait, chaque
jour, je vous le
prouve, je vous
donne des signes de
mon amitié. Mais
votre façon d'agir
avec tant et tant
me consterne en vé-
rité.

Donne mie la fate a tanti e tanti,
Dames miennes le faites à tant et tant,
Ladies mine it (you) do to so many and so many,

a tanti e tanti, a tanti! Che se il
à tant et tant, à tant! Car si le
to so many and so many, to so many! For if the

ver vi deggio dir, se si lagnano gli amanti,
vrai vous dois dire, si se plaignent les amants,
truth you (I) must tell, if complain the lovers,

li comincio a compatir. Io vo' bene al sesso
les commence a compatir. Je veux bien au sexe
them (I) begin to sympathize. I wish well to the sex

Ladies, you play
the same game with
so many! For if you
want to hear the
truth, if the lovers
complain, I am tempt-
ed to sympathize
with them. You know
very well that I
love women; every day
I prove it to you by
my friendship. But
to act like this with
so many, so very many
really discourages
me!

vostro   *lo sapete!* *ognun* *lo sa,* *ogni* *giorno*
vôtre, (vous) le savez! chacun le sait, chaque jour
your, (you) it know! everyone it knows, every day

ve *lo*   *mostro,* *vi* *do* *segno d'amistà.*
vous le   montre, (je) vous donne signe d'amitié.
to you it (I) show, to you give sign of friendship.

Ma *quel farla* *a* *tanti* *e* *tanti,* *a* *tanti*
Mais ce faire à tant et tant, à tant
But this do it to so many and so many, to so many

Mille fois je pris l'épée pour sauver votre honneur, mille fois je vous défendis avec ma voix et avec mon coeur, mais que vous agissiez de la sorte avec tant et tant est un petit vice qui devient fatigant.

e *tanti,* *m'avvilisce* *in verità. Mille* *volte*
et tant, m'avilit en vérité. Mille fois
and so many, me discourages truly. Thousand times

il brando   *presi, per salvar il vostro onor,*
l'épée (je) pris, pour sauver votre   honneur,
the sword (I) took, to save your   honour,

mille *volte,* *vi defesi colla*
mille fois, (je) vous défendis avec la
thousand times, (I) you defended with the

bocca e più col   *cor,* *ma* *quel farla*
bouche et plus avec le coeur, mais ce faire le
mouth and more with the heart, but this do   it

a tanti è *un vizietto* *seccator.*
à tant est un petit vice fatigant.
to so many is a little vice boring.

A thousand times I have taken the sword to save your honour; a thousand times, with my voice and with my heart, I have defended you, but the way you act with so many, so very many men, is quite a boring little vice.

Vous êtes charmantes, vous êtes aimables, le ciel vous comble de trésors et les Grâces vous entourent de la tête aux pieds, mais cependant vous le

Siete vaghe, *siete amabili, più*
(Vous) êtes charmantes, êtes aimables, plus de
(You) are charming, are lovely, more

tesori *il* *ciel* *vi* *diè,* *e* *le*
trésors le ciel vous donna, et les
treasures (the) heaven to you gave, and the

You are charming, you are lovely, heaven has granted you so many treasures and many graces clothe you from head to foot; but you still act like this with

faites à tant et tant
que c'en est incroya-
ble.

J'aime votre sexe,
je vous l'ai prouvé;
mille fois je défen-
dis les grands tré-
sors que le ciel
vous donna et qui
vous couvrent des
pieds à la tête.
Mais vous le faites
à tant et tant et
tant.

Car si les amants
crient, ils ont cer-
tes un peu raison!
Ah! vous le faites
de même à tant et
tant que si les a-
mants crient c'est
qu'ils ont raison.

---

grazie vi   circondano, dalla   testa sino
grâces vous entourent, de la tête jusqu'
graces you surround,   from the head onto

ai piè; ma, ma, ma, la fate   a tanti
aux pieds; mais, mais, mais, le faites à tant
the feet; but, but, but, it (you) do to so many

e tanti   che credibile   non è.   Io vo'
et tant   que croyable   n'est (pas). Je veux
and so many that believable not is.   I wish

bene al   sesso vostro, ecc.
bien au   sexe vôtre, etc.
well to the sex your, etc.

Che se gridano gli amanti, hanno certo un
Car si crient les amants, ont   certes un
For if cry   the lovers, have   surely a

gran perchè. Ah! la fate   a tanti   e
grand pourquoi. Ah! le faites à tant   et
big   why.   Ah! it (you) do to so many and

tanti, che se gridano gli amanti, hanno
tant,   que si crient les amants, ont
so many, that if cry   the lovers, have

certo un gran perchè.
certes un grand pourquoi.
surely a big   why.

---

so many, so very
many men that it is
almost incredible.

I love women, I have
proved it; a thousand
times I have taken
the sword to defen
the great treasures
that heaven has gi-
ven you and has clo-
thed you with from
head to foot. But
you still act like
this with so many,
with so very many
(men).

You act in this way
with so many, so
very many men that
if lovers complain
they have good reason.

Recitativo
Récitatif
Recitative

FERRANDO

En quel débat cruel, | *In qual fiero   contrasto, in qual disordine di* | In all this violent
avec quelles pen- | En quel cruel   débat,   en quel désordre de | conflict, this confu-
sées et sentiments | In what violent conflict, in what confusion of | sion in thought and
en désordre, je me | | sentiment, I do not
retrouve. Mon cas | *pensieri e   di affetti   io mi ritrovo!   Tanto* | know where I am. So
est si inusité et | pensées et de sentiments je me retrouve! Tant | unusual and new is my
nouveau que ni moi | thoughts and of sentiments I me find!   So much | case that nobody can
ni les autres ne | | advise me.
peuvent me donner | *insolito e   novo   è il caso mio, che non* |
un conseil. | insolite et nouveau est le cas mien, que non |
 | unusual and new   is the case mine, that not |

altri, non io basto per consigliarmi. Alfonso!

Alfonso, Alfonso, | *altri, non io basto   per consigliarmi. Alfonso!* | Alfonso! Alfonso!
comme tu vas rire | autres, ni je suffis pour conseiller moi. Alfonso! | How you will laugh
de ma stupidité! | others, nor I suffice to   advise   me.   Alfonso! | at my stupidity!
Mais je me venge- | | But I will take my
rai! Saurai-je | *Alfonso! quanto rider   vorrai   della mia* | revenge. Shall I
jamais effacer de | Alfonso! combien rire (tu) voudras   de   ma | ever be able to ef-
mon coeur le souve- | Alfonso! how   laugh (you) will want of   my | face the memory of
nir de cette femme | | this wretched woman
inique. O mon Dieu, | *stupidezza! Ma mi vendicherò! Saprò   dal* | from my heart? But,
mon coeur me parle | stupidité! Mais me vengerai!   (Je) saurai   du | oh God! this heart
trop d'elle. | stupidity! But me will avenge! (I) will know from | of mine speaks too
 | | much of her.
 | *seno cancellar quell'iniqua, saprò   cancellarla,* |
 | sein effacer   cette inique, saurai   effacer elle, |
 | bosom to cancel that wretched, will know to cancel her, |
 | |
 | *cancellarla?   troppo   o Dio, questo cor   per lei* |
 | effacer elle? trop,   ô Dieu, ce   coeur pour elle |
 | to cancel her? too much, oh God, this   heart for her |

mi parla.
me parle.
to me speaks.

27. *Cavatina*
Cavatine
Cavatina

FERRANDO

Je suis trahi, mé-
prisé par ce coeur
perfide! Je sens
cependant que mon
âme l'adore encore,
j'entends pour el-
le chanter les voix
de l'amour.

Tradito, schernito, dal perfido cor!
Trahi, méprisé, par le perfide coeur!
Betrayed, mocked, by the perfidious heart!

Io sento, che ancora quest'alma l'adora,
Je sens, que encore cette âme l'adore,
I feel, that still this soul her adores,

io sento per essa le voci d'amor.
je sens pour elle les voix d'amour.
I feel for her the voices of love.

Betrayed and despi-
sed by this perfi-
dious heart, I feel
that my heart still
adores her, I hear
the voices of love
singing of her.

Recitativo
Récitatif
Recitative

DON ALFONSO

Bravo! C'est ce
qui s'appelle de la
constance.

Bravo! questa è costanza.
Bravo! ceci est constance.
Bravo! this is constancy.

Bravo! this is cons-
tancy.

FERRANDO

Allez, cruel, c'est
votre faute, si je
suis si misérable.

Andate, o barbaro, per voi misero sono.
Allez, ô cruel, par vous misérable (je) suis.
Go, oh cruel, by you miserable (I) am.

You, you cruel man,
go away; it is your
fault if I am so
miserable.

DON ALFONSO

Left (French)	Italian / French / English interlinear	Right (English)

Si vous êtes bon,
l'ancienne tranquill-
lité vous reviendra.
Ecoutez! Fiordiligi
reste fidèle à Gu-
glielmo et Dorabella
vous fut infidèle.

Via,   se sarete   buono,   vi   tornerò
Allons, si serez   bon,   (je) vous donnerai
Come on, if (you) are good, (I) to you will give back

l'antica calma. Udite!   Fiordiligi a
l'ancien calme. Ecoutez! Fiordiligi à
the old calm.   Listen!   Fiordiligi to

Guglielmo si   conserva fedel,   e   Dorabella
Guglielmo se   conserve fidèle,   et Dorabella
Guglielmo herself keeps   faithful, and Dorabella

infedel   a voi fù.
infidèle   à vous fut.
unfaithful to you was.

If you are patient,
your former tranquil-
lity will come back
to you. Listen!
Fiordiligi has remain-
ed faithful to Gugli-
elmo and Dorabella
has been unfaithful
to you.

FERRANDO

A ma honte!

Per mia vergogna.
Pour ma honte.
For my shame.

To my shame!

GUGLIELMO

Cher ami, en toutes
choses il y a une
différence à faire;
pourrais-tu jamais
penser qu'une épou-
se puisse manquer de
foi à un Guglielmo?

Caro amico, bisogna far   delle differenze
Cher ami,   il faut faire des   différences
Dear friend, one must make some differences

in   ogni cosa, ti   pare   che una
dans toute chose, te   semble que une
in   every thing, to you seems that a

sposa mancar possa a un Guglielmo? un
épouse manquer puisse à un Guglielmo? un
spouse fail   might to a Guglielmo? a

My dear friend, in
everything there is
a little difference;
do you really think
that a spouse might
fail a Guglielmo?

Ce n'est pas pour me vanter, mais un petit calcul te mettra sous les yeux que j'ai un peu plus de mérite que toi.	*picciol calcolo non parlo per lodarmi* petit calcul (je) ne parle pour louer moi, little reckoning (I) not speak to praise me, *se facciamo tra noi, tu vedi, amico,* si (nous) faisons entre nous, tu vois, ami, if (we) make between us, you see, friend, *che un poco di più merto.* que un peu de plus (je) mérite. that a little more (I) deserve.	Not that I want to praise myself, but with careful consideration, you will see that I am more deserving than you.

DON ALFONSO

Moi aussi je le dis!	*Eh anch'io lo dico!* Hé aussi moi le dis! Eh also I it say!	I too say it!

GUGLIELMO

En attendant donnez-moi cinquante petits sequins.	*Intanto mi darete cinquanta* En attendant me donnerez cinquante Meanwhile to me (you) will give fifty *zecchinetti.* petits sequins. little sequins.	Meanwhile, you will give me fifty little sequins.

DON ALFONSO

Volontiers : cependant avant de payer, je veux que nous fassions une autre expérience.	*Volontieri : (Volentieri) pria però di* Volontiers : avant cependant de With pleasure : before though to *pagar, vo che facciamo qualche altra* payer, (je) veux que fassions quelque autre pay, (I) want that (we) make some other *esperienza.* expérience. experiment.	Gladly : though before I pay, I want to try another test.

GUGLIELMO

Comment?	*Come?* Comment? How?	What do you mean?

DON ALFONSO

Soyez patients :
jusqu'à demain, vous
êtes tous les deux
mes esclaves; vous
m'avez donné votre
parole d'honneur que
vous feriez ce que
je vous dirai de
faire.

Abbiate pazienza : infin domani siete
Ayez patience : jusqu'à demain êtes
Have patience : until to-morrow are

entrambi miei schiavi; a me voi deste
tous les deux mes esclaves; à moi vous donnâtes
both my slaves; to me you gave

parola da soldati, di far quel ch'io dirò.
parole de soldats, de faire ce que je dirai.
word of soldiers, to do what I will say.

Be patient : until
to-morrow, you both
are still my slaves;
you gave me your
word of honour to do
all I should tell
you to do.

Venez : j'espère
bien vous montrer
qu'il est insensé de
vouloir vendre l'oi-
seau alors qu'il est
encore sur la branche.
("Il ne faut pas ven-
dre la peau de l'ours
avant de l'avoir
tué".)

Venite : io spero mostrarvi ben che folle
Venez : j'espère montrer à vous bien que fou
Come : I hope show to you well that insane

è quel cervello che sulla frasca ancor
est ce cerveau qui sur la branche encore
is that brain that on the branch still

vende l'uccello.
(il) vend l'oiseau.
sells the bird.

Come : I hope to
show you, that it
is foolish to try
and sell a bird that
is still on the
branch.
("Do not count your
chickens before they
are hatched.")

Recitativo
Récitatif
Recitative

DESPINA

Ora	*vedo*	*che*	*siete una donna*
Maintenant	(je) vois	que	(vous) êtes une dame
Now	(I) see	that	(you) are a lady

di   garbo.
comme il faut.
with good manners.

Je vois maintenant que vous être une dame comme il faut.

I can see now that you are acting like a lady.

DORABELLA

Invan,   Despina, di resister   tentai : quel
En vain, Despina, de résister (je) tentai : ce
In vain, Despina, to resist   (I) tried : this

demonietto   ha un artifizio, un eloquenza, un
petit démon a   une ruse,   une éloquence, une
little devil has a   craft,   an eloquence, a

tratto, che ti fa cader giù   se   sei
façon, qui te fait tomber en bas si (tu) es
pull,   that you makes fall down if (you) are

di sasso.
de pierre.
of stone.

J'ai essayé de résister, Despina, mais en vain. Ce petit démon est rusé, éloquent et se sert de moyens qui vous font fléchir, fussiez-vous de pierre.

In vain, Despina, have I tried to resist : this little devil possesses a craft, an eloquence, an attraction that would make you fall, were you made of stone.

DESPINA

Corpo di Satanasso! questo vuol dir saper!   Tanto
Corps de Satan!   ceci   veut dire savoir! Si
Body of Satan!   this   means   to know! So

Corps de Satan! Cela veut simplement dire : savoir! Il est si rare qu'il se présente quelque

The Devil! It merely means we should know how (to act)! We poor girls rarely have such good

chose de bien pour
nous pauvres fil-
les, qu'il faut le
saisir lorsqu'il
passe. Mais voici
votre soeur; quelle
tête elle fait!

di raro noi povere ragazze abbiamo un po' di
rarement nous pauvres filles avons un peu de
scarcely we poor girls have a little of

bene, che bisogna pigliarlo allor ch'ei viene.
bien, que il faut saisir le alors qu'il vient.
good, that one must catch it when it comes.

Ma ecco la sorella, che ceffo!
Mais voici la soeur, quelle tête!
But here is the sister, what face!

chances and they
should not be missed.
But here is your sis-
ter; what a face!

FIORDILIGI

Malheureuses!
c'est votre faute
si je suis dans
cet état.

Sciagurate! ecco per colpa vostra in che stato
Malheureuses! voici par faute vôtre en quel état
Wretched! here is by fault yours in what state

mi trovo!
me trouve!
me (I) am!

Wretched women! It
is your fault that
I am in such a state!

DESPINA

Qu'est-il arrivé,
chère mademoiselle?

Cos'è nato, cara Madamigella?
Quoi est né, chère Mademoiselle?
What is born, dear Miss?

What has happened,
dear lady?

DORABELLA

T'est-t-il arrivé
quelque chose de
grave, ma soeur?

Hai qualche mal, sorella?
As- (tu) quelque mal, soeur?
Have (you) some wrong, sister?

Is there anything
wrong with you, sis-
ter?

FIORDILIGI

Que le diable em-
porte tout - moi,
toi, elle, Don Al-
fonso, les étran-

Ho il diavolo, che porti me, te, lei,
(J')ai le diable, qu'il porte moi, toi, elle,
(I) have the devil, that may take me, you, her,

May the devil take
me, you, her, Don
Alfonso, the forei-
gners and all the

gers et tous les
fous de ce monde.

Don Alfonso, i   forestieri, e   quanti   pazzi   ha
Don Alfonso, les étrangers, et autant de fous (qu') a
Don Alfonso, the foreigners, and as many   fools (that has

fools living in this
world.

il mondo.
le monde.
the world.

DORABELLA

As-tu perdu la rai-
son?

Hai   perduto il   giudizio?
As- (tu) perdu   le jugement?
Have (you) lost   the judgment?

Have you lost your
senses?

FIORDILIGI

C'est pire, bien
pire, c'est horri-
ble : j'aime et mon
amour n'est plus
pour Guglielmo seu-
lement.

Peggio, peggio, inorridisci :   io amo! e l'amor
Pire,   pire,   aies horreur : j' aime! et l'amour
Worse, worse, have horror :   I love! and love

mio non è sol   per Guglielmo.
mien n'est seulement pour Guglielmo.
mine not is only   for Guglielmo.

Worse, much worse,
it is horrifying :
I am in love! and
I love somebody else
than Guglielmo.

DESPINA

C'est mieux, bien
mieux.

Meglio, meglio!
Mieux, mieux!
Better, better!

It is better, much
better.

DORABELLA

Et toi, serais-tu
aussi amoureuse du
beau petit blond?

E che sì   che anche tu se' innamorata   del
Et que oui, que aussi tu es enamourée   du
And that yes, that also you are enamoured of the

galante biondino?
galant petit blond?
gallant little fair?

And you, are you
also in love with
the fair young gentle-
man?

FIORDILIGI

Ah! malheureusement pour nous.

Ah, *pur troppo* *per noi.*
Ah, malheureusement pour nous.
Ah, unfortunately for us.

Ah! how unfortunate for us!

DESPINA

Bravo!

Ma brava!
Mais brave!
But brave!

Bravo!

DORABELLA

Voilà! soixante mille baisers, toi au petit blond et moi au petit brun et nous voilà mariées.

Tieni, settanta mille baci; tu il biondino,
Tiens, soixante mille baisers; toi le petit blond,
Lood, sixty thousand kisses; you the little fair,

io'l brunetto, eccoci entrambe spose!
moi le brunet, nous voici toutes les deux épouses!
I the dark, here we are both spouses!

Look, sixty thousand kisses; you with the little fair one, I with the little dark one, and in no time, we are married.

FIORDILIGI

Qu'est-ce que tu dis? Tu ne penses donc plus aux malheureux qui sont partis ce matin? Tu ne te souviens plus de leurs larmes, de leurs serments de fidélité? Où as-tu appris à entretenir des sentiments aussi cruels? Comment as-tu pu changer autant?

Cosa dici? Non pensi agli infelici, che stamane
Quoi dis-(tu)? Ne penses aux malheureux, qui ce matin
What say (you)? Not think of the poor men, who this morning

partir? Ai loro pianti, alla lor fedeltà tu
partirent? A leurs larmes, à leur fidélité tu
went (away)? To their tears, to their faithfulness you

più non pensi? Così barbari sensi dove, dove
plus ne penses? Aussi barbares sens où, où
more no think? Such barbarian feelings where, where

apprendesti? Sì diversa da te come ti festi?
appris-tu? Si diverse de toi comment te fis?
learnt you? So different of you how to you did?

What are you saying? Aren't you thinking any more of the two poor men who went away this morning? Their tears, their oaths of fidelity? Where have you learnt such cruel feelings? How have you changed so much?

DORABELLA

Ecoute-moi : es-tu
certaine que nos
anciens amants ne
mourront pas à la
guerre? Et alors?
nous resterions
toutes les deux seu-
les et les mains vi-
des; entre une certi-
tude et un doute il
y a toujours une
grande marge.
("Un tiens vaut mieux
que deux tu l'auras".)

Odimi :   sei tu   certa,   che non muojano in
Ecoute-moi : es-tu certaine, que non meurent en
Listen to me : are you sure,   that not die   at

guerra i nostri vecchi amanti? e   allora?
guerre nos   vieux amants? et alors?
war   our   old   lovers? and then?

entrambe   resterem colle   man   piene di
toutes les deux resterons avec les mains pleines de
both   will stay with the hands full   of

mosche :   tra   un bene certo e   un incerto   c'è
mouches : entre un bien certain et un incertain il y a
flies :   between a good sure   and an uncertain there is

sempre   un gran divario.
toujours une grande différence.
always   a big   difference.

Listen to me : are
you sure that our
former lovers will
not die at war?
and then? both of
us would remain with
empty hands : between
good security and
insecurity there is
always a big diffe-
rence.

FIORDILIGI

Puis s'ils revien-
nent?

E se poi torneranno?
Et si après (ils) reviennent?
And if after (they) come back?

And if they should
come back?

DORABELLA

S'ils reviennent, -
pour leur malheur! -
nous serons mariées
et à des milles
d'ici.

Se   torneran, - lor danno! noi saremo allor
S' ils reviennent, - leur perte! nous serons alors
If they come back, - their loss! we   will be then

mogli, noi saremo lontane mille   miglia.
épouses, nous serons loin   mille   milles.
wives, we   will be far   thousand miles.

If they come back, -
too bad for them, -
we will be married
and a thousand miles
from here.

FIORDILIGI

Je ne comprends pas comment un coeur peut tant changer en un seul jour.

Ma non so come mai si può cangiar in un
Mais ne sais comment jamais se peut changer en un
But not know how ever one can change in a

sol giorno un core.
seul jour un coeur.
sole day a heart.

But I cannot understand how a heart, in only one day can change so much.

DORABELLA

Quelle question ridicule! Nous sommes femmes! Et puis, après tout comment as-tu fait toi-même?

Che domanda ridicola! Siam donne! E poi
Quelle demande ridicule! Sommes femmes! Et puis
What question ridiculous! (We) are women! And then

tu com'hai fatto?
toi comment as- tu fait?
you how have you done

What a ridiculous question! We are women! And you, by the way, how did you behave?

FIORDILIGI

Je saurai bien me contrôler.

Io saprò vincermi.
Je saurai vaincre moi.
I will know to control me.

I will know how to control myself.

DESPINA

Vous ne saurez rien du tout.

Voi non saprete nulla.
Vous ne saurez rien.
You not will know nothing.

You will know nothing at all.

FIORDILIGI

J'agirai en conséquence et tu verras bien.

Farò, che tu lo veda.
(Je) ferai, que tu le voies.
(I) will do, that you it see.

I will act accordingly; you will see.

198

DORABELLA

French (left)	Italian / word-gloss (center)	English (right)

Crois-moi, ma soeur, tu es mieux de céder.

Credi,   sorella,   è   meglio che   tu   ceda.
Crois,   soeur,   (c')est mieux   que   tu   cèdes.
Believe, sister,   is   better   that   you surrender.

Believe me sister, you had better surrender.

28. *Aria*
   Air
   Aria

DORABELLA

L'Amour est un petit voleur, un petit serpent. Il trouble la paix et la procure aux coeurs, selon son bon plaisir. Il passe par les yeux pour arriver au coeur, il enchaîne l'âme et elle n'est plus libre.

È   Amore un ladroncello,   un serpentello   è   amor;
Est Amour un petit   voleur, un petit   serpent est amour;
Is   Love a   little thief, a   little snake   is   love;

ei toglie   e   dà   la pace, come   gli piace
il enlève   et donne la paix, comme   lui plaît
he takes away and gives   peace, as   to him pleases

ai   cor.   Per gli occhi al   seno appena   un
aux   coeurs. Par les yeux au   sein à peine   un
to   the hearts. By the eyes to the bosom as soon as a

varco aprir   si   fa,   che l'anima incatena,
passage ouvrir   se   fait que l'âme   enchaîne,
way   open for itself makes, that the soul chains up,

e   toglie libertà.
et enlève liberté.
and robs   freedom.

Love is a little thief, a little snake; he can give a heart peace or worry, as it pleases him. As soon as a passage is opened through the eyes to the bosom, the soul is captured and no longer free.

Il peut t'apporter de la douceur et du plaisir si tu le laisses faire, mais il peut aussi te dégoûter si tu tentes de lutter contre lui.

Porta dolcezza e   gusto,   se tu lo lasci   far,
Porte douceur et   goût,   si tu le laisses faire,
Carries sweetness and pleasure, if you him let   do,

ma t'empie   di   disgusto, se   tenti di pugnar.
mais te remplit de   dégoût,   si (tu) tentes de lutter.
but you fills   with disgust, if (you) try   to fight.

He can carry sweetness and pleasure, if you allow him, but he can also disgust you if you try to fight him.

S'il règne dans ton
coeur, et qu'il te
becquette ici et là,
un peu partout,
obéis-lui, je ferai
de même.

Se nel tuo petto ei siede, s'egli ti becca quì,
Si dans ton sein il siège, s'il te becquette ici,
If in your bosom he sits, if he you pecks here,

quì, quì, quì, quì, fa tutto quel ch'ei chiede,
ici, ici, ici, ici, fais tout ce qu'il demande,
here, here, here, here, do all what he asks,

che anch' io farò così.
car aussi je ferai ainsi.
for also I will do so.

If he reigns in your
heart, if he pecks
you here and there,
do all he wants and
I will do the same.

Recitativo
Récitatif
Recitative

FIORDILIGI

Comme tout concourt à séduire mon coeur! Mais non! on meurt mais on ne cède pas! J'ai commis une erreur de montrer mes sentiments devant ma soeur et aussi devant ma bonne; elles lui diront tout et lui, avec un peu plus d'audace est capable de tout; que ce séducteur n'apparaisse plus devant moi.	*Come tutto congiura a sedurre il mio cor!* Comme tout conspire à séduire mon coeur! How everything conspires to seduce my heart!

Ma   no! si mora e   non si ceda!   Errai
Mais non! on meurt et non on cède! (J') errai
But no!   one dies and not one yields! (I) erred

quando alla   suora io mi scopersi ed alla   serva
quand à la   soeur je me découvris et à la   servante
when   to the sister I me exposed   and to the maid

mia;   esse a lui diran   tutto ed ei più
mienne; elles à lui diront   tout et lui plus
mine; they to him will tell all   and him more

audace   fia   di tutto capace agli   occhi miei
audacieux sera de tout capable aux   yeux miens
daring   will be of all   able   to the eyes mine

mai   più non comparisca! A tutti i   servi
jamais plus ne comparaisse! A tous les serviteurs
never more not appear!   To all   the servants

minacciero   il congedo,   se   lo lascian
(je) menacerai   le congédiement, s' (ils) le laissent
(I) will threaten the discharge, if (they) him allow

passar; veder nol   voglio quel seduttor.
passer; voir ne le   veux ce séducteur.
to pass; to see not him (I) want this seducer.

Je vais menacer tous les serviteurs de les congédier, s'ils le laissent entrer; je ne veux plus voir ce séducteur.

Why is it that everything conspires to seduce my heart! But no! it is better to die than to surrender! I made a mistake when I exposed my sentiments to my sister and also to my maid; they will tell him and as he is audacious, he can do anything; this seducer must never again appear before me. I shall threaten to discharge all my servants if they let him enter; I do not want to see this seducer.

GUGLIELMO

Très brave, ma chaste Arthémise! Vous entendez cela?

Bravissima!   *la mia casta Artemisia!*   *la sentite?*
Très brave!   ma   chaste Arthémise!   (vous) l'entendez?
Very good!   my   chaste Artemisia!   (you)   her hear?

Bravissima! my chaste Artemisia! Do you hear her?

FIORDILIGI

Cependant Dorabella pourrait bien à mon insu - Doucement! une pensée me vient à l'esprit : chez moi sont restés plusieurs uniformes de Guglielmo et de Ferrando, si j'osais! Despina! Despina!

Ma   potria   Dorabella senza   saputa   mia -
Mais pourrait Dorabella sans   connaissance mienne -
But   could   Dorabella without knowledge   mine -

Piano!   un   pensiero per la mente mi   passa;
Doucement!   une pensée   par l'esprit me   passe;
Softly!   a   thought   by   the mind mine passes;

in   casa   mia   restar   molte   uniformi di
dans maison mienne restèrent plusieurs uniformes de
in   house   mine   were left many   uniforms of

Guglielmo e   di Ferrando, ardir!   Despina!   Despina!
Guglielmo et   de Ferrando, oser!   Despina!   Despina!
Guglielmo and of Ferrando, to dare!   Despina!   Despina!

Maybe Dorabella, without my knowledge – Piano, piano! here comes a thought into my mind. Several uniforms belonging to Guglielmo and Ferrando have been left in my house, would I dare! Despina! Despina!

DESPINA

Qu'ya-t-il?

Cosa c'è?
Qu'y a-t-il?
What happens?

What is the matter?

FIORDILIGI

Prends un peu cette clé, et sans réplique, sans aucune réplique, sors de la garde-robe et apporte-moi ici deux épées, deux képis et deux des uniformes de nos époux.

Tieni un po'   questa chiave, e   senza   replica,
Tiens un peu   cette clé,   et sans   réplique,
Hold a   little this   key,   and without objection,

senza   replica   alcuna, prendi nel   guardaroba,
sans   réplique aucune, prends dans la   garde-robe,
without objection any,   take   from the cupboard,

e   qui   mi porta due   spade,   due   cappelli, e   due
et ici   me porte deux épées,   deux chapeaux, et deux
and here to me bring two   swords, two   helmets,   and two

Take this key, and do not try to explain, take two swords, two helmets and two uniforms of our spouses out ot the closet and bring them here.

vestiti   de' nostri sposi.
vêtements de nos   époux.
uniforms of our   spouses.

DESPINA

| Et que voulez-vous en faire? | *E che volete fare?*
Et que voulez-(vous) faire?
And what wish (you) to do? | And what will you do with them? |

FIORDILIGI

| Vas-y, ne réplique pas! | *Vanne, non replicare.*
Va t-en, ne réplique (pas).
Go there, not object. | Go there and do not argue! |

DESPINA

| (Elle commande en "abrégé" madame l'Arrogante.) | *(Comanda in "abrégé" Donna Arroganza.)*
(Elle) commande en "abrégé" Madame Arrogance.)
(She) orders in "abrégé" Lady Arrogance.) | (Lady Arrogance gives short orders!) |

FIORDILIGI

| Il n'y a rien d'autre à faire; j'espère que Dorabella suivra mon bel exemple : allons au camp de l'armée, c'est le seul moyen de nous garder innocentes. | *Non c'è altro, ho speranza che Dorabella*
N'y est autre, (j') ai espoir que Dorabella
Not there is other, (I) have hope that Dorabella

stessa seguirà il bell'esempio : al campo,
même suivra le bel exemple : au camp,
herself will follow the good example : to the camp,

al campo, altra strada non resta per
au camp, autre chemin ne reste pour
to the camp, other way not remains to

serbarci innocenti.
conserver nous innocentes.
keep us innocent. | There is nothing else to do; I hope now that Dorabella will follow my good example : we shall go to the camp for it is the only way to remain innocent. |

DON ALFONSO

(J'ai suffisamment compris : vas-y, ne crains rien.)

(Ho capito   abbastanza : vanne   pur
((J')ai compris assez :   vas-y   cependant
((I) understood enough :   go **there** though   (do)

non temer.)
ne   crains.)
not fear.)

(I have understood enough; go anyhow, do not fear anything).

DESPINA

Me voici.

Eccomi.
Voici moi.
Here I am.

Here I am.

FIORDILIGI

Va-t-en voir à ce qu'un serviteur commande six chevaux de poste; dis à Dorabella que je voudrais bien lui parler.

Vanne,   sei cavalli di posta voli un servo
Va-t-en, six chevaux de poste vole un serviteur
Go there, six horses of post run a servant

ordinar; di   à Dorabella che parlarle   vorrei.
ordonner; dis à Dorabella que parler   à elle voudrais.
to order; tell to Dorabella that speak   to her   would like.

Go and tell a servant to order six posthorses; tell Dorabella that I would like to speak to her.

DESPINA

A votre service! (Cette femme me semble avoir perdu le sens commun.)

Sarà   servita. (Questa donna   mi par   di senno
Serez   servie. (Cette femme   me semble de sens
Will be served. (This   woman to me seems of senses

uscita.)
sortie.)
out.)

At your service. (This woman seems to be out of her mind.)

Recitativo
Récitatif
Recitative

FIORDILIGI

L'uniforme de Ferrando m'ira bien; Dorabella peut prendre celui de Gugliel-mo; dans cet accoutrement nous irons rejoindre nos époux, nous irons lutter à côté d'eux et mourir s'il le faut.	*L'abito di Ferrando sarà buono per me;* L'habit de Ferrando sera bon pour moi; The cloak of Ferrando will be good for me; *può Dorabella prender quel di Guglielmo;* peut Dorabella prendre celui de Guglielmo; can Dorabella take the one of Guglielmo; *in questi arnesi raggiungerem gli* dans ces accoutrements (nous) rejoindrons les in these garbs (we) will join the *sposi nostri, a loro fianco pugnar potremo* époux nôtres, à leur côté lutter pourrons spouses ours, at their side fight will be able	Ferrando's cloak will do for me; Dorabella can wear Guglielmo's; in this garb we shall join our spouses; we shall fight at their side and die if necessary.
Allez au diable, ornements fatals, je vous déteste.	*e morir se fa d'uopo! Ite in malora,* et mourir si fait nécessaire! Allez au diable, and die if (it) is necessary! Go to hell, *ornamenti fatali, io vi detesto.* ornements fatals, je vous déteste. ornaments fatal, I you detest.	The Devil take you, fatal ornaments; I hate you.

GUGLIELMO

(Existe-t-il un amour égal à celui-ci?)	*(Si può dar un amor simile a questo?)* (Se peut être un amour semblable à celui-ci?) (Can be a love like this one?)	(Is there any love equal to this?)

FIORDILIGI

N'espérez pas repa-
raître devant moi
avant que je ne re-
vienne avec mon
bien-aimé; je por-
terai ce képi à votre
place. Oh! comme
cela change mon ap-
parence et mon vi-
sage! Maintenant
je me reconnais à
peine.

Di tornar		*non sperate alla mia fronte pria*
De revenir		n'espérez à · ma face avant
To come back (do)		not hope to my face before

ch'io qui torni col mio ben; in vostro
que je ici revienne avec mon bien-aimé; à votre
that I here return with my beloved; in your

loco porrò questo cappello; oh! come ei
place (je) porterai ce chapeau; oh! comme il
place (I) will wear this helmet; oh! how it

mi trasforma le sembianze e il viso! Come
me transforme l'aspect et le visage! Comme
me changes the feature and the face! How

appena io medesma or mi ravviso!
à peine je moi-même maintenant me reconnaît!
scarcely I myself now me recognize!

Do not hope to appear
before me until I
return with my belo-
ved; I will wear the
helmet in your place;
oh! how it changes
my features! I can
hardly recognize my-
self!

29. *Duetto*
    Duo
    Duet

FIORDILIGI

Je me retrouverai
bientôt dans les
bras de mon fidèle
époux; dans ce cos-
tume je lui arrive-
rai comme un inconnu.
Oh! quelle joie son
coeur n'éprouvera-t-
il pas à me revoir?

Fra gli amplessi, in pochi istanti, giungerò
Entre les embrassades, en peu d'instants, (je) joindrai
Among the embraces, in few moments, (I) will join

del fido sposo, sconosciuta a lui davanti in
du fidèle époux, inconnue à lui devant en
the faithful spouse, unknown to him in front in

quest'abito verrò. Oh! che gioja il suo bel
cet habit (je) viendrai. Oh! quelle joie son beau
this cloak (I) will come. Oh! what joy his kind

In a short time I
shall be embraced by
my faithful husband,
I shall come to him
in disguise. Oh!
what joy his heart
will feel when he
recognizes me.

core *proverà nel ravvisarmi.*
coeur éprouvera dans le revoir moi.
heart will feel in the recognizing me.

FERRANDO

Et en attendant
pauvre de moi, je
meurs de peine.

Ed intanto di dolore meschinello io mi morrò.
Et en attendant de douleur pauvret je me meurs.
And meanwhile from suffering poor (me) I me die.

And in the meantime,
I am dying from sorrow.

FIORDILIGI

Que vois-je? Je
suis trahie! Allez,
vous-en.

Cosa veggio! Son tradita! Deh, partite.
Que vois-je! (Je) suis trahie! Allons, partez.
What see (I)! (I) am betrayed! Ah! leave.

What do I see! I
have been betrayed!
Ah! leave me alone!

FERRANDO

Ah! non, ma vie; je
veux qu'avez ce poignard, de ta propre
main tu frappes mon
coeur, et si tu n'en
as pas la force, oh!
mon Dieu! je te
soutiendrai la main.

Ah! no, mia vita; con quel ferro di tua mano
Ah! non, ma vie; avec ce poignard de ta main
Ah! no, my life; with this dagger by your hand

questo cor tu ferirai, e se forza oh! Dio!
ce coeur tu blesseras, et si force oh! Dieu!
this heart you will wound, and if strength oh! God!

non hai io la man ti reggerò.
n'as (pas) je la main te soutiendrai.
not have I the hand to you will hold.

Ah! no, my life;
with this dagger you
will pierce my heart
yourself, and if you
do not have enough
strength, I shall
hold your hand.

FIORDILIGI

Tais-toi hélas! Je
suis assez tourmentée
et malheureuse comme
cela.

Taci, ahimè! Son abbastanza tormentata,
Tais-toi, hélas! Suis assez tourmentée,
Keep silent, alas! Am enough troubled,

ed infelice!
et malheureuse!
and unhappy!

Be quiet, alas! I
am enough tormented
and unhappy like this.

Ah! car désormais
sa constance,

FERRANDO

Ah! che omai   la sua costanza,
Ah! que désormais   sa constance,
Ah! that by now   her constancy,

Ah! and now, her
constancy,

Ah! car désormais
ma constance,

FIORDILIGI

Ah! che omai   la mia costanza,
Ah! che désormais   ma constance,
Ah! that by now   my constancy,

Ah! and now, my
constancy,

à ces regards, à ce
qu'elle dit,

FERRANDO

a quei sguardi, a quel che   dice,
à ces regards, à ce qu'elle dit,
at these looks, at what she says,

from her expression,
from what she says,

à ces regards, à ce
qu'il dit,

FIORDILIGI

a quei sguardi, a quel che dice,
à ces regards, à ce qu'il dit,
at these looks, at what he says,

from his expression,
from he says,

commence à faiblir!

FERRANDO e FIORDILIGI

incomincia   a vacillar.
commence   à vaciller.
he/she starts to vacillate.

is beginning to wea-
ken.

Levez-vous, levez-
vous!

FIORDILIGI

Sorgi, sorgi.
Levez, levez.
Arise, arise,

Arise, arise!

Tu le crois en
vain.

FERRANDO

Invan   lo credi.
En vain (tu)   le crois.
In vain (you) it believe.

In vain, you believe
it.

Par pitié, que veux-tu de moi?

FIORDILIGI

Per pietà, da me che chiedi?
Par pitié, de moi que demandes-(tu)?
By mercy, from me what ask (you)?

For mercy's sake, what do you want from me?

Ton coeur ou ma mort.

FERRANDO

Il tuo cor, o la mia morte.
Ton coeur, ou ma mort.
Your heart, or my death.

Your heart, or my death.

Ah! non, je me sens faible! Dieux, conseillez-moi!

FIORDILIGI

Ah! non son, non son più forte!
Ah! ne suis, ne suis plus forte!
Ah! not (I) am, not (I) am more strong!

Dei, consiglio!
dieux, (un) conseil!
gods, (an) advice!

Ah! no, I feel weak! Gods, give me some advice!

Cède, chérie, cède à mes instances, tourne vers moi ton regard compatissant; en moi seul tu trouveras un époux, un amant, et plus encore si tu veux; mon idole! ne tarde plus.

FERRANDO

Cedi cara, cedi cara, volgi a me
Cède chère, cède chère, tourne à moi
Surrender dear, surrender dear, turn to me

pietoso il ciglio, in me sol trovar tu
compatissant le cil, en moi seul trouver tu
merciful the eyelash, in me alone find you

puoi sposo, amante, e più se vuoi, idol mio!
peux époux, amant, et plus si (tu) veux, idole mienne!
can spouse, love, and more if (you) wish, idol mine!

più non tardar,
plus ne tarde,
more no delay,

Surrender, dear, surrender, turn your merciful eyes toward me; in me alone will you find a husband, a lover, and more, if you wish, idol of mine! delay no more.

Juste ciel! cruel
tu as gagné! Fais
de moi ce que tu
voudras.

Embrassons-nous,
bien-aimé(e) et que
soit un réconfort
à tant de soucis, de
languir de doux sen-
timents, de soupirer
de joie.

FIORDILIGI

Giusto ciel! *Crudel* *hai vinto!*
Juste ciel! Cruel (tu) as vaincu!
Just heaven! Cruel (you) have won!

Fa di mi quel che ti par!
Fais de moi ce qui te semble!
Make of me what you feel!

FIORDILIGI e FERRANDO

Abbracciamci o caro bene, e un conforto
Embrassons-nous ô cher(e) bien-aimé(e), et un confort
Let us embrace oh dear beloved and a comfort

a tante pene sia languir di dolce affetto,
à tant de peines soit languir de doux sentiment,
to so much sorrow be to languish of soft sentiment,

di diletto sospirar.
de joie soupirer.
of joy (to) sigh.

Oh! heaven! you
have won cruel man!
You can do with me
whatever you wish.

Let us embrace, o
dearly beloved, and
let us languish with
sweet sentiments and
sigh with joy, and
comfort so much sor-
row.

Recitativo
Récitatif
Recitative

GUGLIELMO

Oh! pauvre de moi!	*Oh! poveretto me!*	*Cosa ho*	*veduto!* *cosa ho*
qu'ai-je vu? qu'ai-	Oh! pauvre moi!	Quoi ai- (je) vu!	quoi ai- (je)
je entendu?	Oh! poor me!	What have (I) seen!	what have (I)

Oh! dear me!
have I seen! What
have I ever heard!

sentito mai!
entendu jamais!
heard ever!

DON ALFONSO

De grâce, silence!

Per carità! *silenzio!*
Par charité! silence!
By mercy! silence!

For mercy's, sake
silent!

GUGLIELMO

Je m'arracherais la
barbe! je m'égra-
tignerais la peau!
Et je donnerais des
cornes parmi les é-
toiles. Est-ce là
Fiordiligi? la
Pénélope, l'Arthémi-
se du siècle? La
coquine, l'assassine,
la friponne, la vo-
leuse, la chienne!

Mi pelerei *la barba!* *mi graffierei*
(Je) m'arracherais la barbe! (je) m'égratignerais
(I) to me would pluck the beard! (I) to me would scratch

la pelle! E *darei* *colle* *corna entro*
la peau! Et (je) donnerais avec les cornes entre
the skin! And (I) would give with the horns through

le stelle! Fu quella Fiordiligi? la Penelope,
les étoiles! Fut celle-là Fiordiligi? la Pénélope,
the stars! Was that one Fiordiligi? the Penelope,

l'Artemisia del secolo? Briccona, assassina,
l'Arthémise du siècle? Coquine, assassine,
the Artemisia of the century? Rogue, assassin,

furfante, ladra, cagna!
friponne, voleuse, chienne!
rascal, robber, bitch!

I would gladly pluck
my beard! I would
scratch my skin! And
I would, pierce the
stars with my horns!
Is that Fiordiligi?
the Penelope, the
Artemisia of the cen-
tury? Rogue, assas-
sin, rascal, robber,
bitch!

DON ALFONSO

Laissons-le se dé-
fouler.

Lasciamolo   sfogar -
Laissons-le   s'épancher -
Let us himself unbosom -

Let him release his
pent-up emotions.

FERRANDO

Et alors?

Ebben!
Eh bien!
And well!

And then?

GUGLIELMO

Où est-elle?

Dov'è?
Où   est-(elle)?
Where is (she)?

Where is she?

FERRANDO

Qui? Ta Fiordiligi?

Chi? la tua Fiordiligi?
Qui?   ta   Fiordiligi?
Who?   your Fiordiligi?

Who? Your Fiordiligi?

GUGLIELMO

Ma Fior (fleur), Fior
du diable, que je
l'étrangle et moi
après elle.

La mia Fior, Fior di   diavolo, che   strozzi lei
   Ma Fior, Fior du   diable, que j'étrangle elle
   My Fior, Fior of the devil,   may   strangle her

prima e   dopo   me.
d'abord et après moi.
first   and after, me.

My Fior, infernal
flower, may she be
strangled and I af-
ter her.

FERRANDO

Tu vois bien qu'il y
a des petites diffé-
rences en chaque
chose, j'ai un peu
plus de mérite que
toi -

Tu vedi bene, v'han   delle differenze in
Tu vois bien, il y a   des   différences dans
You see well, there are some differences in

ogni   cosa, un poco   di più   merto -
chaque chose, un peu   de plus (je) mérite -
each   thing, a little of more (I) deserve -

You see that there
are some differences
in every thing, I am
a little more deserv-
ing than you.

GUGLIELMO

| Ah! cesse de me tourmenter et étudions plutôt le moyen de les punir profondément. | Ah! cessa, cessa di tormentarmi, ed una via
Ah! cesse, cesse de tourmenter moi, et un moyen
Ah! stop, stop (of) tormenting me, and a mean

piuttosto, studiam di castigarle sonoramente.
plutôt, étudions de punir elles sonorement.
rather, let us study to punish them sonourously. | Ah! stop tormenting me and let us rather find a way to punish them deeply. |

DON ALFONSO

| Je sais le moyen : épousez-les! | Io so, qual è : sposarle.
Je sais, quel est : épouser elles.
I know, what is : wed them. | I know what you should do : marry them. |

GUGLIELMO

| J'épouserais plus volontiers la barque de Caron. | Vorrei sposar piuttosto la barca di Caronte.
(Je) voudrais épouser plutôt la barque de Caron.
(I) would wed rather the bark of Charon. | I would prefer to marry the boat of Charon. |

FERRANDO

| La grotte de Vulcain. | La grotta di Vulcano.
La grotte de Vulcain.
The grotto of Vulcan. | The grotto of Vulcan. |

GUGLIELMO

| La porte de l'Enfer. | La porta dell'Inferno.
La porte de l'Enfer.
The door of Hell. | The gates of Hell. |

DON ALFONSO

| Alors restez célibataires éternellement. | Dunque restate celibi in eterno.
Donc restez célibataires éternellement.
Then remain bachelors in eternity. | Then remain bachelors for ever. |

FERRANDO

Il manquera peut-être des femmes pour des hommes comme nous.	*Mancheran forse donne ad uomin come noi?* Manqueraient peut-être femmes à hommes comme nous? Would lack maybe women to men like us?	Are there no women for men like us?

DON ALFONSO

Il y en a plein. Mais que feront les autres femmes si celle-ci agissent ainsi? Au fond vous les aimez bien, vos oiseaux déplumés.

Non c'è abbondanza d'altro. Ma l'altre
N'y est abondance d'autre. Mais les autres
Not is abundance of other. But the others

che faran se ciò fer queste? in
que feront -(elles) si ceci firent celles-ci? au
what will do (them) if this did these ones? at

fondo voi le amate queste vostre cornacchie
fond vous les aimez ces vôtres corneilles
bottom you them love these your crows

spennacchiate.
déplumées.
featherless.

There are plenty. But how will other women behave if these two ladies act in such a way? Deep in your hearts, you love these featherless birds of yours.

GUGLIELMO

Ah! que trop.

Ah purtroppo!
Ah! malheureusement.
Ah! unfortunately.

Ah! unfortunately.

FERRANDO

Malheureusement.

Pur troppo.
Malheureusement.
Unfortunately.

Unfortunately.

DON ALFONSO

Eh bien! prenez-les comme elles sont, la nature n'a

Ebben pigliatele com' elle son, natura non
Et bien prenez-les comme elles sont, nature ne
Well take them as they are, nature not

Well then, take them as they are; nature could not possibly

pas pu faire cette exception, ce privilège de créer deux femmes extraordinaires pour vos beaux museaux; en tout il faut de la philosophie.

potea fare l'eccezzione, il privilegio di
pouvait faire l'exception, le privilège de
could make the exception, the privilege of

creare due donne d'altra pasta, per i vostri
créer deux femmes d'autre pâte, pour vos
create two women of other paste, for your

bei musi; in ogni cosa ci vuol
beaux museaux; en chaque chose il faut (de la)
nice faces; in every thing one wants

make an exception and bless you with two exceptional women simply to suit your taste. There must be logic in everything.

Venez avec moi : nous tâcherons de combiner quelque chose; je tiens toujours à ce qu'il y ait ce soir un double mariage : en attendant je vais vous chanter un Sonnet de huit vers que vous serez très heureux d'apprendre.

filosofia. Venite meco : di combinar le
philosophie. Venez avec moi : de combiner les
philosophy. Come with me : to combine (the)

cose studierem la maniera, vo che
choses étudierons la façon (je) veux que
things (we) will study the way (I) want that

ancor questa sera doppie nozze si facciano :
encore ce soir double noce se fasse :
still to-night double wedding be done :

frattanto un'ottava ascoltate : felicissimi voi
en attendant un octave écoutez : très heureux vous
meanwhile an octave listen (to) : very happy you

se la imparate!
si l'apprenez!
if it (you) learn!

Come with me : we will draw-up a plan; I still want a double wedding for to-night : meanwhile listen to my song, an eight-line Sonnet : you may be very happy to learn it.

30.

DON ALFONSO

Ils accusent tous les femmes, et moi je les excuse, si mille fois par jour

Tutti accusan le donne, ed io le scuso, se
Tous accusent les femmes, et je les excuse, si
All accuse the women, and I them excuse, if

They all accuse women, but I excuse them, if a thousand times a day, they

elles changent d'a-
moureux; d'aucuns
appellent cette
coutume vice, d'au-
tres un usage cou-
rant, quant à moi
je crois que c'est
une nécessité due
à la nature.

L'amoureux déçu ne
doit pas condamner
l'autre, mais sa
propre erreur puis-
que jeunes, vieilles,
belles ou laides :
Ainsi elles font
toutes,

---

mille   volte al dì   cangiano   amore, altri
mille   fois au jour (elles) changent (d')amour, autres
thousand times a day (they) change   love, others

un vizio lo chiama,   ed altri un uso   ed a me
un vice l'appellent, et autres un usage et à moi
a vice it call,   and others a use   and to me

par   necessità del   core.   L'amante che si
semble nécessité du   coeur. L'amant   qui se
seems necessity of the heart. The lover who himself

trova alfin   deluso,   non condanni
trouve enfin   déçu,   (qu'il) ne condamne
finds at the end deceived (should) not condemn

l'altrui, ma il proprio errore, giacché giovani,
l'autre,   mais la propre erreur, puisque jeunes,
the other, but the proper mistake, since young,

vecchie, e belle e brutte, ripetete con me :
vieilles, et belles et laides, répétez avec moi :
old,   and nice and ugly, repeat   with me :

Così fan tutte,
Ainsi font toutes,
So   do   all (of them),

Ainsi elles font
toutes.

FERRANDO - DON ALFONSO e GUGLIELMO

Così   fan tutte.
Ainsi (elles) font toutes.
So   (they) do all (of them).

---

change love; some
call it a vice, and
others, a habit but
to me, change seems
to be a necessity
for the heart.

The lover disappoint-
ed should never
condem the beloved
but blame his own
error, because the
young, the old, the
lovely and the ugly
now repeat with me :
all do the same.
(Women are like that.)

Women are like that.
(They all do the
same.)

Recitativo
Récitatif
Recitative

DESPINA

French (prose)		English (prose)
Victoire, mes jeunes maîtres! Les chères dames sont prêtes à vous épouser. Je leur ai promis de votre part que d'ici trois jours vous les emmènerez loin d'ici.		Victory, young masters! The dear ladies are ready to marry you. On your behalf I promised them that within three days you would take them away from here.
Elles m'ont chargée de trouver un notaire qui devra stipuler le contrat; elles sont dans leur chambre et vous attendent. Etes-vous contents?		They asked me to call a notary who would have to stipulate the contract; now they are in their room waiting for you. Are you happy about it?

Vittoria padroncini! *A sposarvi disposte*
Victoire petits patrons! A épouser vous disposées
Victory young masters! To wed you ready

son le care madame. *A nome vostro loro io*
sont les chères madames. A nom vôtre leur je
are the dear ladies. To name yours them I

promisi, che in tre giorni circa partiranno
promis, que dans trois jours environ partiront
promised, that in three days about will go

con voi. L'ordin mi diero di trovar un
avec vous. L'ordre me donnèrent de trouver un
with you. The order to me gave to find a

notajo, che stipuli il contratto : alla lor
notaire, qui stipule le contrat : à leur
notary, who stipulates the contract : in their

camera attendendovi stanno. Siete
chambre attendant vous (elles) sont. Etes-(vous)
room waiting you (they) are. Are (you)

così contenti?
ainsi contents?
thus contented?

FERRANDO – DON ALFONSO e GUGLIELMO

Très contents.	*Contentissimi*. Très contents. Very happy.	Very happy.

DESPINA

Ce n'est jamais sans succès que Des- pina s'occupe d'un projet.	*Non è mai senza effetto, quand'entra la Despina* N'est jamais sans effet, quand entre la Despina Not is ever without effect, when enters the Despina	Despina is always successful in her un- dertakings.
	in un progetto! en un projet! in a project!	

31. *Finale*
    Finale
    Finale

<table>
<tr><td colspan="3">(aux serviteurs)</td></tr>
</table>

	DESPINA		(to the servants)

(aux serviteurs)
Faites vite, chers
amis, allumez les
flambeaux et pré-
parez la table :
qu'elle soit riche
et noble.

DESPINA

Fate   presto, o cari amici, alle faci   il
Faites vite,   oh chers amis,   aux   flambeaux le
Make   fast,   oh dear friends, to the torches   the

foco   date, e   la mensa preparate con ricchezza
feu   donnez et la table préparez avec richesse
flame give, and the table prepare   with wealth

e   nobiltà!   Delle nostre padroncine   gl'
et noblesse! De   nos   jeunes patronnes les
and nobility! Of   our   young mistresses the

imenei   son già   disposti, e   voi gite
hyménées sont déjà   prêtes,   et vous tournez
nuptials are already ready,   and you go

ai vostri posti finché   i sposi   vengon
à vos   postes jusqu'à ce que les époux viennent
to your   places until   the husbands come

quà.
ici.
here.

(to the servants)
Hurry, dear friends,
light the torches
and prepare the
table so that it may
be rich and noble.

Les noces de nos
jeunes maîtresses
sont déjà prêtes;
allez maintenant cha-
cun à votre poste
en attendant l'ar-
rivée des époux.

The nuptials of our
young mistresses are
ready and you should
go back to your posts
until the husbands
arrive.

(serviteurs)
Faisons vite, oh
chers amis, allu-
mons les flambeaux
et préparons la ta-
ble : qu'elle soit
riche et noble.

CORI

Facciam   presto, o cari amici!   alle faci
Faisons   vite,   ô chers amis!   aux   flambeaux
Let us make fast,   oh dear friends! to the torches

il foco diamo,   e la mensa prepariamo
le feu   donnons,   et la table préparons
the flame let us give, and the table let us prepare

(servants)
Let us hurry, dear
friends, we shall
light the torches
and prepare the ta-
ble, so that it may
be rich and noble.

con ricchezza e nobiltà.
avec richesse et noblesse.
with wealth   and nobility.

DON ALFONSO

Bravo, bravo! Excellent! Quelle abondance, quelle élégance! L'un et l'autre vous donneront un pourboire convenable. Maintenant les deux couples s'avancent, applaudissez à leur arrivée et qu'un chant joyeux emplisse le ciel de gaiété.

Bravi, bravi! ottimamente! Che abbondanza,
Braves, braves! excellent!   Quelle abondance,
Brave, brave! excellent!   What abundance,

che eleganza! Una mancia   conveniente
quelle élégance! Un pourboire convenable
what elegance! A tip   appropriate

l'un e l'altro a voi darà!   Le due
l'un et l'autre à vous donnera! Les deux
one and the other to you will give! The two

coppie omai   si avvanzano fate
couples maintenant s'avancent faites
couples by now   come forward make

plauso   al loro arrivo, lieto canto
applaudissement à leur arrivée, joyeux chant
applause   at their arrival, joyous song

e suon giulivo empia   il ciel d'ilarità.
et son gai   emplisse le ciel d'hilarité.
and sound gay   may fill the heaven with hilarity.

Bravo, bravo! Excellent! How abundant! how elegant! An appropriate tip will be given to you by both of them. The two couples are now coming, do applaud their arrival. May joyous songs and cheerful sounds fill the heavens with hilarity!

DESPINA e DON ALFONSO

On n'a jamais vu et on ne verra jamais de plus belle comédie.

La più bella commediola non s'è   vista
La plus belle comédie   ne s'est vue
The most fine comedy   not has been seen

o si vedrà.
ou se verra.
or will be seen.

A better comedy has never yet been seen and never will!

CORO

Bénis soient les
doubles époux et les
aimables jeunes ma-
riées, que leur
ciel resplendisse
de bienfaits et que
comme les poules,
elles soient toujours
prolifiques de fils
que l'on puisse leur
comparer en beauté.

Benedetti i doppi conjugi e le amabili
Bénis   les doubles époux   et les aimables
Blessed   the double husbands and the gentle

sposine,   splenda   lor il   ciel
jeunes épouses, resplendisse à eux le ciel
young wives,   may sparkle to them the heaven

benefico,   ed a guisa di galline sien di
bénéfique,   et en guise de poules soient de
beneficient, and   like   hens   be   of

figli ognor prolifiche, che le
fils toujours prolifiques, qui les
sons always prolific,   that to them

agguaglino in beltà.
égalent   en beauté.
compare   in beauty.

Blessed are double
husbands and gentle
young wives; may
their heavens sparkle
with happiness and
like hens may they
bear sons as hand-
some as the mothers
are beautiful.

FIORDILIGI - DORABELLA - FERRANDO e GUGLIELMO

Comme il semble
qu'ici tout promette
joie et amour.

Come   par   che qui prometta tutto gioja e
Comme semble que ici promette tout joie et
As (it) seems that here promises all joy and

tutto amore!
tout amour!
all   love!

It seems that here
everything is a
promise of joy and
love!

FIORDILIGI e DORABELLA puis FERRANDO e GUGLIELMO

(à Despina)
Le mérite en revient
assurément à la chè-
re Despina. Redou-
blez les chants
joyeux, et asseyons-
nous ici en attendant
le grand moment de
réjouissance.

Della cara Despinetta certo il merito sarà.
De la chère Despinetta certes le mérite sera.
Of the dear Despinetta surely the merit will be.

Raddoppiate il lieto suono, replicate il dolce
Redoublez le joyeux son, répétez le doux
Double   the joyous sound, repeat   the soft

canto e noi qui seggiamo intanto in
chant et nous ici asseyons en attendant en
song and us here let sit   meanwhile in

(to Despina)
Surely the merit is
due do Despinetta.
Sing louder, all of
you, and let us sit
here in expectation
of the great rejoi-
cing.

maggior giovalità.
grande réjouissance.
great rejoicing.

CORI

Bénis soient les doubles époux, etc.

Benedetti i doppi conjugi..., ecc.
Bénis les doubles maris..., etc.
Blessed the double husbands..., etc.

Blessed are double husbands, etc.

FERRANDO e GUGLIELMO

O ma vie pond bien à mon ardeur.

Tutto, tutto, o vita mia! al mio foco or
Tout, tout, ô vie mienne! à mon feu maintenant
All, all, oh life mine! to my ardour now

Everything satisfies my ardour, oh! my life.

ben risponde!
bien répond!
well answer!

FIORDILIGI e DORABELLA

L'allégresse croît sans cesse et se répand dans mon sang.

Pel mio sangue l'allegria cresce, cresce
Par mon sang l'allégresse croît, croît
By my blood the merriment grows, grows

Joy grows and grows and is spreading through my blood.

e si diffonde!
et se répand!
and itself spreads!

GUGLIELMO e FERRANDO

Tu es si belle!

Sei pur bella!
(Tu) es si belle!
(You) are so lovely!

You are so beautiful.

FIORDILIGI e DORABELLA

Tu es si charmant!

Sei pur vago!
(Tu) es donc charmant!
(You) are so charming!

You are so charming.

FERRANDO e GUGLIELMO

Quels beaux yeux!	*Che bei rai!*	How beautiful your
	Quels beaux yeux!	eyes are!
	What beautiful eyes!	

FIORDILIGI e DORABELLA

Quelle belle bouche!	*Che bella bocca!*	How lovely your lips
	Quelle belle bouche!	are!
	What nice mouth!	

FERRANDO e GUGLIELMO

Que l'on trinque et	*Tocca e bevi!*	Let us clink glasses
que l'on boive!	Touche et boive!	and drink!
	Touch and drink!	

FIORDILIGI e DORABELLA

Que l'on boive et	*Bevi e tocca!*	Let us drink and
que l'on trinque!	Boive et touche!	clink glasses.
	Drink and touch!	

FIORDILIGI

Et que dans ton
verre et dans mon
verre soit noyée
toute pensée et que
le passé soit effa-
cé de nos coeurs.

E nel tuo, nel mio bicchiero si sommerga
Et dans ton, dans mon verre se submerge
And in your, in my glass may submerge

ogni pensiero, e non resti, e non resti
toute pensée, et ne reste, et ne reste
any thought, and not remain, and not remain

più memoria del passato ai nostri cor, ah
plus mémoire du passé à nos coeurs, ah
more memory of the past to our hearts, ah

no, non resti...
non, ne reste...
no, not remain...

May every thought be
drowned in your glass
and in my glass, and
may nothing of the
past remain in our
hearts.

Et dans ton verre
et dans mon verre
qu'on noie...

FERRANDO

E   nel   tuo,   nel   mio bicchiero si   sommerga...
Et dans ton,   dans mon verre   on   submerge...
And in   your, in   my   glass   may submerge...

And in your glass,
and in my glass, may
be drowned...

Et dans ton verre,
et dans mon verre
qu'on noie...

DORABELLA

E   nel   tuo,   nel   mio bicchiero si   sommerga...
Et dans ton,   dans mon verre   on   submerge...
And in   your, in   my   glass   may submerge...

And in your glass,
and in my glass, may
be drowned...

(à part)
Ah! ah! ces re-
nards sans honneur,
devraient boire du
poison.

GUGLIELMO

Ah!   ah!   bevessero del   tossico,
Ah!   ah!   (qu'elles)   boivent   du   poison,
Ah!   ah!   (they should) drink   some poison,

queste volpi   senza   onor.
ces   renards sans   honneur.
these   foxes   without honour.

(aside)
Ah! ah! these foxes
without honour should
drink poison.

DON ALFONSO

Français	Italien		
Messieurs! Tout est fait, le notaire est là, dans l'escalier, il porte le contrat de mariage et *ipso facto* il s'en vient ici.	*Miei signori!* *tutto è* *fatto, col* *contratto* Messieurs! tout est fait, avec le contrat Gentlemen! all is done, with the contract		Genglemen! Everything is ready; the notary is on the stairs, he is bringing the marriage contract and is coming here, ipso facto.

nuziale il Notajo è sulle scale, e ipso
nuptial le notaire est sur l'escalier, et ipso
nuptial the Notary is on the stairs, and ipso

facto quì   *verrà.*
facto ici   (il) viendra.
facto here

FIORDILIGI - DORABELLA - FERRANDO e GUGLIELMO

Bravo, qu'il passe tout de suite.

Bravo, bravo!   *passi*   *subito.*
Bravo, bravo!   (qu'il) passe   tout de suite.
Bravo, bravo!   (he) may pass right away.

Bravo, let him come in right away.

DON ALFONSO

Je vais l'appeler, je vais l'appeler, le voici!

Vò   *a chiamarlo,*   *vò a chiamarlo;*
(Je) vais à appeler lui, vais à appeler lui;
(I) go to call   him,   go to call   him;

eccolo   *quà!*
voici lui ici!
here he is!

I will go and call him; here he is.

DESPINA

Le notaire Beccavivi vient à vous avec toute sa dignité notariale habituelle et vous souhaite beaucoup de bonheur. Et je lirai d'une voix claire, le contrat stipulé avec les règles usuelles dans la forme judiciaire;

Augurando ogni bene, il Notajo Beccavivi coll'
Souhaitant tout bien, le Notaire Beccavivi avec la
Wishing   all   good, the Notary   Beccavivi with the

usata a voi sen viene Notariale dignità! E
usitée à vous s'en vient notariale dignité! Et
usual to you is   coming notarial   dignity! And

il contratto stipulato colle   regole ordinarie
le contrat   stipulé   avec les règles ordinaires
the contract   stipulated with the rules   usual

Here comes Notary Beccavivi with his notarial dignity! I am bringing you the stipulated contract with the usual rules in judiciary form; first I must cough, then I shall sit and finally, with a clear voice, I shall read.

mais avant je tousse,
puis je m'asseois.

nelle forme giudiziarie, pria tossendo, poi
dans les formes judiciaires, d'abord toussant, puis
in the forms judiciaries, first coughing, then

sedendo, chiara voce leggerò.
(m')asseyant, claire voix (je) lirai.
sitting, clear voice (I) will read.

FIORDILIGI - DORABELLA - GUGLIELMO e FERRANDO

Bravo, bravo! vraiment!

Bravo, bravo, in verità!
Bravo, bravo, en vérité!
Bravo, bravo, in truth!

Bravo, bravo! Truly!

DESPINA

Par contrat préparé
par moi, sont unis
en mariage Fiordiligi
et Sempronio et aussi
Tizio et Dorabella,
soeur légitime de la
première nommée : ces
dames originaires de
Ferrara et ces nobles
Albanais, et pour dot
et contredot –

Per contratto da me fatto si congiunge in
Par contrat par moi fait se joint en
By contract by me done unites in

matrimonio Fiordiligi con Sempronio e con
mariage Fiordiligi avec Sempronio et avec
marriage Fiordiligi with Sempronio and with

Tizio Dorabella, sua legittima sorella; quelle
Tizio Dorabella, sa légitime soeur; ces
Tizio Dorabella, her legitimate sister, those

Dame Ferraresi, questi nobili Albanesi, e per
dames ferraraises, ces nobles Albanais, et pour
ladies from Ferrara, these noble Albanese, and for

dote, e contraddote –
dot, et contredot –
dowry, and marriage settlement –

By this contract,
prepared by me, are
united in marriage
Fiordiligi with
Sempronio and Tizio
with Dorabella, her
legitimate sister;
these ladies from
Ferrara and these
noble Albanese and
for dowry and marriage
settlement –

FIORDILIGI - DORABELLA - FERRANDO e GUGLIELMO

Left (French):
Nous savons tout cela, nous vous croyons, nous nous fions à vous et nous sommes prêts à signer le contrat, donnez-le donc ici.

Center (Italian / French / English):
Cose note, cose note! Vi crediamo,
Choses connues, choses connues! (Nous) vous croyons,
Things known, things known! (We) you believe,

ci fidiamo, soscriviam, date pur qua.
(nous) y fions, (nous) souscrivons, donnez donc ici.
(we) upon you rely, (we) subscribe, give then here.

Right (English):
We know all of that! we believe you, we rely upon you, and we are ready to sign it; give it to us.

DESPINA e DON ALFONSO

Left (French):
Bravo, bravo en vérité!

Center:
Bravo, bravo in verità!
Bravo, bravo en vérité!
Bravo, bravo in truth!

Right (English):
Bravo, bravo truly!

CORI

Left (French):
(au dehors)
Quelle belle vie que la vie militaire, chaque jour on change d'endroit, un jour on va loin, le lendemain on va plus près, tantôt sur terre et tantôt sur mer.

Center:
Bella vita militar, ogni dì si cangia loco,
Belle vie militaire, chaque jour on change (de) lieu,
Nice life military, every day one change place,

oggi molto e doman poco ora
aujourd'hui beaucoup et demain peu, maintenant
to-day much and to-morrow little, now

in terra ed or sul mar.
sur terre et maintenant sur la mer.
on earth and now on the sea.

Right (English):
(outside)
How wonderful is the soldier's life; every day we change places, one day far away, the next day nearer : sometimes on land and sometimes on sea.

FIORDILIGI - DORABELLA - DESPINA - FERRANDO e GUGLIELMO

Left (French):
Quelle est cette rumeur? Qu'est-ce que ce chant?

Center:
Che rumor! che canto è questo!
Quel bruit! quel chant est celui-ci!
What noise! what song is this!

Right (English):
What is that noise? What is that song?

DON ALFONSO

Left (French):
Restez calmes, je vais aller voir. Miséricorde! dieux

Center:
State cheti, io vo a guardar;
Restez tranquilles, je vais (à) regarder;
Stay quiet, I go to see;

Right (English):
Keep quiet, I will go and see what is happening; Miseri-

du ciel! Quel évé-
nement tragique!
Je tremble, je suis
glacé d'effroi! Ce
sont vos époux,

Misericordia! Numi del cielo! Che caso orribile!
Miséricorde! Dieux du ciel! Quel cas horrible!
Misericordia! Gods of heaven! What case horrible!

io tremo! io gelo! Gli sposi vostri,
je tremble! je gèle! Les époux vôtres,
I tremble! I freeze! The husbands yours,

cordia! good hea-
vens! What a horri-
ble event! I am
trembling! I am
freezing! It is
your husbands,

FIORDILIGI e DORABELLA

Mon époux.

Lo sposo mio.
L'époux mien.
The husband mine.

My husband!

DON ALFONSO

qui en ce moment
reviennent, oh!
Dieu! et déjà ils
débarquent sur la
rive.

in questo istante tornaro, o Dio! ed alla
en cet instant revinrent, ô Dieu! et à la
in this moment returned, oh! God! and at the

riva sbarcano già.
rive débarquent déjà.
shore disembark already.

at this very moment
they have come back,
oh! God! they are
already disembarking.

FIORDILIGI - DORABELLA - FERRANDO e GUGLIELMO

Qu'entends-je? Fu-
nestes étoiles!
Qu'est-ce qu'on va
faire maintenant?

Cosa mai sento! Barbare stelle! in tal momento,
Quoi jamais entends-je! Barbares étoiles! en tel moment,
What ever hear I! Cruel stars! in such moment,

che si farà.
quoi se fera.
what will be done.

What do I hear!
Cruel stars! at
such a moment, what
shall we do?

FIORDILIGI e DORABELLA

Partez vite!

Presto partite!
Vite partez!
Quick go!

Go away quickly!

DESPINA e DON ALFONSO / GUGLIELMO e FERRANDO

| Mais s'ils les (nous) voient? | *Ma se li (ci) veggono?*
Mais s' (ils) les (nous) voient?
But if (they) them (us) see? | But what if they see them (us)? |

FIORDILIGI e DORABELLA

| Fuyez vite! | *Presto fuggite!*
Vite fuyez!
Quick run away! | Run away, fast! |

DESPINA e DON ALFONSO / GUGLIELMO e FERRANDO

| Mais s'ils les (nous) rencontrent? | *Ma se li (ci) incontrano?*
Mais s' (ils) les (nous) rencontrent?
Buy if (they) them (us) meet? | But if they meet them (us)? |

FIORDILIGI e DORABELLA

| Cachez-vous là, de grâce, O dieux, au secours! | *Là, là, celatevi per carità, per*
Là, là, cachez-vous, par charité, par
There, there, hide yourselves, by mercy, by

carità! Numi, soccorso!
charité! Dieux, secours!
mercy! Gods, help! | Hide yourselves here, for mercy's sake! May the gods help us! |

DON ALFONSO

| Calmez-vous! | *Rasserenatevi!*
Rassérénez-vous!
Calm yourselves! | Calm yourselves! |

FIORDILIGI e DORABELLA

| Dieux du ciel, conseillez-nous. | *Numi consiglio!*
Dieux (un) conseil!
Gods (an) advice! | May the gods advise us! |

DON ALFONSO

Tranquillisez-vous?

Ritranquillatevi!
Retranquillisez-vous!
Quiet   yourselves!

Quiet yourselves!

FIORDILIGI e DORABELLA

Qui nous sauvera du danger? Qui?

Chi dal   periglio ci   salverà?   Chi?
Qui du   péril   nous sauvera?   Qui?
Who from (the) danger   us   will save? Who?

Who will save us from this danger? Who will?

DON ALFONSO

Fiez-vous à moi, tout ira bien.

In me fidatevi,   ben tutto andrà.
En moi fiez-   vous, bien tout ira.
In me confide you, well all   will go.

Rely on me, everything will work well.

FIORDILIGI e DORABELLA

Mon coeur est bouleversé à la pensée qu'ils pourraient découvrir notre trahison; et qu'arrivera-t-il de nous en l'occurrence?

Mille   barbari pensieri tormentando il cor
Mille   cruelles pensées tourmentant le coeur
Thousand cruel   thoughts tormenting the heart

mi vanno, se   discoprono l'inganno,   ah,
me vont, si (ils) découvrent la tromperie, ah,
mine go, if (they) discover   the treason, ah,

di noi che mai   sarà!
de nous quoi jamais sera!
of us   what ever   will be!

A thousand cruel thoughts torment my heart; what will happen to us if they ever discover the treason?

FERRANDO e GUGLIELMO

Sains et saufs, exultants de joie, nous revenons aux caresses amoureuses de nos fidèles amantes, pour les récompenser de leur fidélité.	*Sani e salvi agli amplessi amorosi,* Sains et saufs aux embrassements amoureux, Safe and sound to the embraces amorous,		Safe and sound, we have come back to the caresses of our very faithful mistresses; our hearts exulting with joy, we wish to reward, their faithtulness.

delle nostre fidissime amanti, ritorniamo di
de les nos très fidèles amantes, retournons de
of our very faithful lovers, (we) return of

gioia esultanti, per dar premio alla
joie exultants, pour donner prix à
joy exulting, to give reward to

lor fedeltà.
leur fidélité.
their faithfulness..

DON ALFONSO

Juste ciel! Guglielmo? Ferrando? Oh! quelle joie! Vous ici, comment se fait-il et depuis quand?	*Giusti Numi! Guglielmo? Ferrando? o che* Justes dieux! Guglielmo? Ferrando? oh quelle Good gods! Guglielmo? Ferrando? oh what	Good gods! Guglielmo? Ferrando? Oh what a joy! You here, how is that and since when?

giubilo! qui? come? e quando?
joie! ici? comment? et quand?
joy! here? how? and when?

FERRANDO e GUGLIELMO

Rappelés par un contre-ordre royal, le coeur plein de joie et de bonheur nous revenons à nos adorables épouses, et à votre amitié.	*Richiamati da regio contr'ordine, pieni il* Rappelés par royal contre-ordre, plein le Recalled by royal counterorder, full the	Called back by a royal counterorder, our hearts full of joy, we come back to our adorable wives and to your friendship.

cor di contento e di gaudio
coeur de contentement et de joie
heart of contentment and of joy

ritorniamo alle spose adorabili,
(nous) retournons aux épouses adorables,
(we) return to the spouses adorable,

ritorniamo alla vostra amistà!
(nous) retournons à votre amitié!
(we) return to your friendship!

(à Fiordiligi)
Mais pourquoi êtes-vous si pâle? Et que veux dire ce silence?

GUGLIELMO

Ma cos'è quel pallor, quel silenzio?
Mais quoi est cette pâleur, ce silence?
But what is this pallor, this silence?

(to Fiordiligi)
But why are you so pale? Why are you so silent?

(à Dorabella)
Mon idole! pourquoi est-elle si triste?

FERRANDO

L'idol mio! perchè mesto si stà?
L'idole mienne! pourquoi triste est-(elle)?
The idol mine! why sad is (she)?

(to Dorabella)
Why is my beloved so sad?

C'est la joie qui les rend confuses et étonnées. Elles restent là, muettes.

DON ALFONSO

Dal diletto confuse ed attonite, mute,
De la joie confuses et étonnées, muettes,
From joy confused and astonished, mute,

si restano là.
(elles) restent là.
(they) stay there.

It is joy, confusion and astonishment that make them stand there, in silence.

(à part)
Ah! les mots me manquent; ce sera un miracle si je ne meurs à l'instant même.

FIORDILIGI e DORABELLA

Ah, che al labbro le voci mi mancano,
Ah, que à la lèvre les voix me manquent,
Ah, that at the lips the voices (to) me lack,

se non moro, un prodigio sarà.
si ne meurs, un prodige sera.
if not (I) die, a prodigy will be.

(aside)
Ah! I cannot find the words; if I do not die right away, it will be a miracle.

GUGLIELMO

Permettez-moi de dé-
poser ces bagages
dans cette chambre.
Dieux! que vois-je?
un homme caché ici?
un notaire? que
fait-il ici?

Permettete, che sia posto quel baul in
Permettez, que soit placé ce coffre dans
Allow, that may be placed this pack in

quella stanza. Dei! che veggio! un uom
cette pièce. Dieux! que vois-(je)? un homme
that room. Gods! what see (I)? a man

nascosto? Un Notajo? qui che fa?
caché? Un notaire? ici que fait-(il)?
hidden? A Notary? here what does (he do)?

Allow me to put this
pack in that room.
Oh gods! what do I
see! a man is hid-
ing here? A Notary?
What is he doing
here?

DESPINA

Non, monsieur, ce
n'est pas un notai-
re, c'est Despina dé-
guisée, qui revient
du bal et est entrée
ici pour changer de
vêtements.
Où trouvera-t-on ja-
mais une rusée comme
moi!

No, Signor! non è un notajo, è Despina
Non, monsieur! n'est un notaire, est Despina
No, sir! not is a Notary, is Despina

mascherata, che dal ballo or è tornata,
masquée, qui du bal maintenant est revenue,
disguised, who from ball now has returned,

e a spogliarsi venne quà! Una furba che
et à dépouiller (soi) vint ici! Une rusée qui
and to undress (herself) came here! A crafty that

m'agguagli dove mai si troverà!
me compare où jamais se trouvera!
to me compares where ever one will find!

No, sir, it is not
a Notary, it is Des-
pina who is disguised
and who has just re-
turned from a ball
and wanted to change
her clothes! Where
can one find a crafty
girl like me!

FERRANDO e GUGLIELMO

Où peut-on jamais
trouver une rusée
comparable à celle-
ci?

Una furba uguale a questa, dove mai si
Une rusée égale à celle-ci, où jamais se
A crafty equal to this one, where ever one

Where can one find a
crafty girl like her?

troverà?
trouvera?
will find

FIORDILIGI e DORABELLA

Despina, Despina, je ne comprends rien à tout cela.

La Despina, la Despina,   non capisco   come   va.
La Despina, la Despina, (je) ne comprends comment va.
The Despina, the Despina, (I) not understand how goes.

Despina, Despina, I do not understand what this is all about.

DON ALFONSO

(à part, aux hommes) J'ai laissé tombé des papiers, ramassez-les avec soin.

Già   cader   lasciai le carte,
Déjà   tomber (je) laissai les papiers,
Already fall (I) let   the papers,

(aside, to the men) I have dropped some papers; gather them carefully.

raccoglietele con arte.
recueillez-les avec art.
secure   them with skill.

FERRANDO

Mais, que sont ces papiers?

Ma che   carte   sono queste?
Mais quels papiers sont ceux-ci?
But what papers are these?

But what are these papers?

GUGLIELMO

Un contrat de mariage?

Un contratto nuziale?
Un contrat   nuptial?
A contract (of) marriage?

A marriage contract?

FERRANDO e GUGLIELMO

Juste ciel! c'est vous qui l'avez signé et n'essayez pas de nous contredire. Trahison! Ah! il faut découvrir la

Giusto ciel!   voi   qui scriveste, contraddirci
Juste ciel!   vous ici écrivâtes, contredire nous
Good heaven! you here wrote,   contradict us

Good Heavens! you signed it and it is no use trying to contradict us. Treason! We must discover the truth!

234

vérité. Et que le sang coule jusqu'aux torrents, aux fleuves, à la mer. Ah oui!	omai non vale : Tradimento! Ah si désormais ne vaut : Trahison! Ah se from now not worth (is) : Treason! Ah may be	And blood will run in torrents, to the rivers, to the sea. Ah yes!

faccia il scoprimento. E a torrenti, a fiumi,
fasse la découverte. Et aux torrents, aux fleuves,
made the discovery. And to the torrents, to rivers,

a mari, indi il sangue scorrerà! Sì.
aux mers, là le sang courra! Oui.
to seas, there the blood will run! Yes.

FIORDILIGI e DORABELLA

Ah! monsieur, je suis coupable et la mort est tout ce que je mérite, je reconnais mon erreur, hélas, trop tard. De cette épée frappez ce sein qui ne mérite aucune pitié.	Ah! signor! son rea di morte, e la morte Ah! monsieur! (je) suis coupable de mort, et la mort Ah! sir! (I) am guilty of death, and (the) death	Ah! sir, I plead guilty and only death should I ask from you. I have recognized my mistake too late. With this sword, pierce my bosom that does not deserve any pity.

io sol vi chiedo, il mio fallo tardi vedo,
je seule vous demande, ma faute tard (je) vois,
I only you ask, my guilt late (I) see,

con quel ferro un sen ferite che non
avec cette épée un sein blessez qui ne
with this sword a bosom wound that not

merita pietà!
mérite pitié!
deserves pity!

FERRANDO e GUGLIELMO

Comment est-ce arrivé?	Cosa fu? Quoi fut? What was (it)?	What has happened?

FIORDILIGI e DORABELLA

Que le cruel Don Alfonso et la séductrice Despina parlent pour nous.	Per noi favelli il crudel, la seduttrice! Pour nous parle le cruel, la séductrice! For us speak the cruel, the seducer!	This cruel Don Alfonso and this seducer, Despina, will tell you.

DON ALFONSO

Troppo	*vero*	*è*	*quel*	*che*	*dice*	*e*	*la prova*
Trop	vrai	est	ce	qu'(elle)	dit	et	la preuve
Too	true	is	what	(she)	says	and	the proof

è	*chiusa*	*lì.*
est	enclose	là.
is	enclosed	there.

Ce n'est que trop vrai, ce qu'elle dit, et en voici la preuve.

She tells the truth and therein is the proof.

FIORDILIGI e DORABELLA

Dal	*timor io gelo,*	*io palpito; perché*	*mai*
De la	peur je gèle,	je palpite; pourquoi	donc
From	fear I freeze,	I tremble; why	ever

li	*discoprì?*
les	découvrit-il?
them	discovered he?

Je faiblis de peur, et je palpite; pourquoi donc leur a-t-il dit la vérité?

I am fainting with fear and I tremble; why did he ever tell them the truth?

FERRANDO

"A	*voi s'inchina,*	*bella Damina!*	*il*	*Cavaliere*
"A	vous s'incline,	belle petite dame!	le	chevalier
"To	you bows,	nice little lady!	the	knight

dell'Albania."
de l'Albanie."
of Albania."

(à Fiordiligi)
"Belle petite dame, devant vous s'incline le chevalier de l'Albanie."

(to Fiordiligi)
"Nice little Lady, the Knight of Albania bows before you."

GUGLIELMO

"Il	*ritrattino,*	*pel*	*coricino,*	*ecco*
"Le	petit portrait,	pour le	petit coeur,	voici
"The	little portrait,	for the	little heart,	here

io le	*rendo*	*Signora mia!"*
je vous	rends	Madame mienne!"
I to you	give back	Lady mine!"

(à Dorabella)
"A ma dame à moi, je remets le petit portrait pour le petit coeur."

(to Dorabella)
"To my dear Lady, I give back the little picture for her little heart."

(à Despina)
"Et je rends au ma-
gnétisme de Monsieur
le Docteur, tout
l'honneur qui lui
revient."

FERRANDO e GUGLIELMO

"Ed al magnetico Signor Dottore rendo
"Et au magnétique Monsieur le Docteur, (je) rends
"And to the magnetic Sir Doctor, (I) repay

l'onore che meritò."
l'honneur qu'il mérita."
the honour that he deserved."

(to Despina)
"And to the magnétique
of the Doctor, I pay
the honour that he
deserves."

FIORDILIGI - DORABELLA e DESPINA

O ciel! que vois-
je!

Stelle! che veggo!
Etoiles! que vois-(je)!
Stars! what see (I)!

Oh heavens! What do
I see?

FERRANDO - DON ALFONSO e GUGLIELMO

Elles sont stupé-
fiées.

Son stupefatte!
(Elles) sont stupéfaites!
(They) are stupefied!

They are flabbergasted.

FIORDILIGI - DORABELLA e DESPINA

Je ne puis résister
à la douleur.

Al duol non reggo.
A la douleur (je) ne supporte.
To the pain not (I) stand.

I cannot stand the
pain.

FERRANDO - DON ALFONSO e GUGLIELMO

Elles sont à moi-
tié folles.

Son mezze matte!
(Elles) sont à moitié folles!
(They) are half mad!

They are half mad.

FIORDILIGI e DORABELLA

Voici l'homme cruel
qui nous a trompées.

Eccolà il barbaro, che c'ingannò.
Voilà le cruel, qui nous trompa.
Here is the cruel, who us deceived.

Here is the cruel
man who deceived us.

Je vous ai trompées, mais cette supercherie fait le détrompement de vos amoureux qui désormais seront plus sages et feront ce que je voudrai. Donnezmoi vos mains droites, vous voilà mariés, embrassezvous et taisezvous; tous les quatre, maintenant, prenez la chose en riant, quant à moi j'ai déjà ri et je rirai encore.	I deceived you but that trick of mine was a delusion for your lovers who will be wiser from now on, and they will follow my advice. Give me your right hand; now you are married, kiss each other, and be silent; the four of you should laugh now, for I have already laughed and I will laugh some more.

DON ALFONSO

V'ingannai,   ma   fu   l'inganno
(Je) vous trompai, mais fut la tromperie
(I)   you deceived, but was the trick

disinganno   ai vostri amanti che più
un détrompement à vos   amants qui plus
disillusionment to your   lovers who more

saggi omai   saranno, che faran   quel
sages désormais seront, qui feront ce
wise from now will be, who will do what

ch'io vorrò.   Quà le destre,   siete
que je voudrai. Ici les droites, (vous) êtes
that I will want. Here the right, (you) are

sposi, abbracciatevi,   e tacete,
époux, embrassez-vous, et taisez-(vous),
married, kiss   and silence,

tutti   quattro ora   ridete, ch'io
tous (les) quatre maintenant riez,   car je
all   four   now   laugh, for I

già   risi   e   riderò.
déjà (ai ri) et (je) rirai.
already laughed and   will laugh.

Mon bien-aimé, si tout cela est vrai, je compenserai par ma fidélité et mon amour, je t'adorerai pour toujours.	My beloved, if all this is true, I shall compensate it with my faithfulness and my love, so your heart will know that I shall always adore you.

FIORDILIGI e DORABELLA

Idol mio,   se questo è   vero, colla
Idole mienne, si ceci est vrai, avec la
Idol mine,   if this is true, with (the)

fede e   coll'amore   compensar saprò
foi et avec   l'amour compenser   saurai
faith and with (the) love compensate (I) will know

il tuo core, adorarti ognor saprò!
ton coeur, adorer toi toujours saurai!
your heart, adore you always (I) will know!

FERRANDO e GUGLIELMO

Je te crois, ma belle, mais je préfère ne pas en faire la preuve.

Te lo credo, gioia bella, ma la prova
(Je) te le crois, joie belle, mais la preuve
(I) you it believe, joy nice, but the proof

io far non vò.
je faire ne veux.
I to make not want.

I believe you, lovely one, but I do not wish to have proof.

DESPINA

Je ne sais si c'est un songe, je suis confondue, je rougis de honte, et tant pis pour moi si cela m'arrive, car j'en ai fait autant à beaucoup d'autres.

Io non so se questo è sogno, mi
Je ne sais si ceci est songe, (je) me
I not know if this is dream, (I) me

confondo, mi vergogno, manco mal se a
confonds, me rougis, tant pis si à
confound, me ashamed, so well and good if to

me l'han fatta, che a molt'altri
moi l'ont faite, car à beaucoup d'autres
me it have done, for to many others

anch'io la fò.
aussi je la fais.
also I it do.

I do not know if this is a dream; I am confounded, I am ashamed; so well and good if this was done to me, because I have done the same to many others.

Heureux celui qui prend tout par le bon côté, et qui dans les occasions et les événements se laisse guider par la raison.

Fortunato l'uom che prende ogni cosa
Heureux l'homme qui prend chaque chose
Happy the man who takes everything

pel buon verso, e tra i casi,
par le bon côté, et entre les cas,
by the right side, and between the cases,

Happy is the man who takes everything well and through the tribulations of life allows himself to be guided by logic.

Ce qui d'habitude
fait pleurer les
autres, le porte
à rire et au mi-
lieu des tornades
de la vie il trou-
vera une belle quié-
tude.

e   le   vicende   da   ragion guidar si
et   les événements par raison guider se
and the events   by   reason guide (him)

fa.   Qual che suole   altrui far
fait.   Ce   qui a l'habitude autres faire
makes. What that uses (to)   others make

piangere sia (fia) per   lui cagion di
pleurer soit   pour lui raison de
cry   be   for   him reason to

riso, e   del   mondo in mezzo i
rire, et   du   monde au milieu les
laugh, and of the world in middle the

turbini   bella calma   troverà.
ouragans   beau calme   (il) trouvera.
hurricanes nice quietness (he) will find.

What makes others
weep, may be for him
a reason for laughing
and through the hur-
ricanes of life he
shall find quietness.

FINE DEL SECONDO ATTO
FIN DU DEUXIÈME ACTE
END OF THE SECOND ACT

FINE
FIN
THE END

ouvrages consultés/books consulted

ANDERSON, Emily, *The Letters of Mozart and his Family*, New York, St Martin's Press, 1966. page 1010

CADIEU, Martine, *Wolfgang Amadeus Mozart*, Seghers, 1966.

CHANTAVOINE, Jean, *Mozart dans Mozart*, Desclée de Brouwer, 1948. pages 123 à 151

de CURZON, Henri, *Mozart*, Librairie Félix Alcan, 1927. pages 244 à 258

GHEON, Henri, *Promenades avec Mozart*, Desclée de Brouwer, 1932. pages 356 à 372

HOCQUARD, Jean-Victor, *la Pensée de Mozart*, Seuil, 1958. pages 480 à 493

MASSIN, Jean et Brigitte, *Wolfgang Amadeus Mozart*, Fayard, 1970. pages 1099 à 1116

MEMOIRS of Lorenzo da Ponte, New York, Dover Publication, 1949. pages 160 à 212

ROUSSEL, Paul, *Mozart raconté en 50 chefs-d'oeuvre*, Editions de l'Homme, 1973. pages 273 à 282

SAINT-FOIX, G. de, *Wolfgang Amédée Mozart les Dernières Années*, vol. V, Desclée de Brouwer, 1946. pages 83 à 105

table des matières/contents

INTRODUCTION... 9

PERSONNAGES/CHARACTERS... 15

DESCRIPTION DE L'ACTION/THE SYNOPSIS................................. 16

INDEX DES AIRS, DUOS ET TRIOS/INDEX OF ARIAS, DUETS AND TRIOS...... 23

ACTE PREMIER/FIRST ACT
SCENE I... 29
SCENE II.. 40
SCENE III... 44
SCENE IV.. 49
SCENE V... 56
SCENE VI.. 61
SCENE VII... 64
SCENE VIII.. 66
SCENE IX.. 68
SCENE X... 78
SCENE XI.. 85
SCENE XII... 103
SCENE XIII.. 109
SCENE XIV... 115
SCENE XV.. 116
SCENE XVI... 124

ACTE DEUXIEME/SECOND ACT
SCENE I... 135
SCENE II.. 145
SCENE III... 151
SCENE IV.. 152
SCENE V... 159
SCENE VI.. 170
SCENE VII... 173
SCENE VIII.. 176
SCENE IX.. 187
SCENE X... 192
SCENE XI.. 200
SCENE XII... 204
SCENE XIII.. 210

SCENE XIV.. 216
SCENE XV... 218
SCENE XVI.. 220
SCENE XVII... 224
SCENE XVIII.. 230

OUVRAGES CONSULTES/BOOKS CONSULTED................................ 240

LES PRESSES DE L'UNIVERSITÉ DE MONTRÉAL

C.P. 6128, succ. «A», Montréal, Qué., Canada H3C 3J7

EXTRAIT DU CATALOGUE

LITTÉRATURE

Albert Camus ou l'imagination du désert. Laurent MAILHOT
André Breton, hermétisme et poésie dans *Arcane 17*. Suzanne LAMY
André Gide ou l'ironie de l'écriture. Martine MAISANI-LÉONARD
Bachelard ou le concept contre l'image. Jean-Pierre ROY
Balzac et le jeu des mots. François BILODEAU
Boileau : visages anciens, visages nouveaux. Bernard BEUGNOT et Roger ZUBER
Colette, ses apprentissages. Paul D'HOLLANDER
Commynes méMORiALISTE. Jeanne DEMERS
Cyrano de Bergerac et l'art de la pointe. Jeanne GOLDIN
Le Dandysme de Baudelaire à Mallarmé. Michel LEMAIRE
Émile Zola Correspondance. Tome I (1858-1867). Sous la direction de B.H. BAKKER
L'Entretien au XVIIe siècle. Bernard BEUGNOT
Expérience religieuse et expérience esthétique. Marcelle BRISSON
Flaubert ou l'architecture du vide. Jean-Pierre DUQUETTE
Guez de Balzac. Bibliographie générale. Supplément I. Bernard BEUGNOT
Henri Bosco : une poétique du mystère. Jean-Cléo GODIN
Henri de Régnier : le labyrinthe et le double. Mario MAURIN
Hugo : amour/crime/révolution. Essai sur *les Misérables*. André BROCHU
Jean Racine : un itinéraire poétique. Marcel GUTWIRTH
La Bruyère ou le style cruel. Doris KIRSCH
Louis Hémon. Lettres à sa famille. Nicole DESCHAMPS
Mallarmé et *les Mots anglais*. Jacques MICHON
Mallarmé, grammaire générative des *Contes indiens*. Guy LAFLÈCHE
Marcel Proust, critique littéraire. René DE CHANTAL
Michel de Montaigne ou le pari d'exemplarité. Marcel GUTWIRTH
Paul Claudel : une musique du silence. Michel PLOURDE
La Recherche du dieu chez Paul Valéry. Abraham LIVNI
Samuel Beckett et l'univers de la fiction. Fernande SAINT-MARTIN
Sigrid Undset ou la morale de la passion. Nicole DESCHAMPS
Valéry : pour une poétique du dialogue. Alexandre LAZARIDÈS

Collection «Bibliothèque des lettres québécoises»

Histoire simple et véritable. Annales de l'Hôtel-Dieu de Montréal, 1659-1725. Marie MORIN
Le Missionnaire, l'apostat, le sorcier. Relation de 1634 de Paul Lejeune. Guy LAFLÈCHE
Saint-Denys Garneau, Œuvres. Jacques BRAULT et Benoît LACROIX

Collection «Lectures»

L'En dessous l'admirable. Jacques BRAULT *(Poèmes)*
Inflexions de voix. Thomas PAVEL
Rabelais tel quel. G.-André VACHON
Triptyque de la mort. Une lecture des romans de Malraux. François HÉBERT

Collection «Lignes québécoises»

Anne Hébert et le miracle de la parole. Jean-Louis MAJOR
Le fou et ses doubles. Figures de la dramaturgie québécoise. Pierre GOBIN
Germaine Guèvremont : une route, une maison. Jean-Pierre DUQUETTE
Gilles Hénault — Lecture de *Sémaphore*. Hugues CORRIVEAU
Hubert Aquin, agent double. Patricia SMART
Jacques Ferron au pays des amélanchiers. Jean-Pierre BOUCHER
Léo-Paul Desrosiers ou le récit ambigu. Michelle GÉLINAS
Marie-Claire Blais : le noir et le tendre. Vincent NADEAU
«Parti pris» littéraire. Lise GAUVIN
Paul-Marie Lapointe : la nuit incendiée. Jean-Louis MAJOR
Saint-Denys Garneau à travers *Regards et Jeux dans l'espace*. Robert VIGNEAULT

Revue *Études françaises*

Écrire c'est parler, vol. X, n° 1, février 1974
L'Année littéraire québécoise 1973, vol. X, n° 2, mai 1974
Le Bestiaire perdu, vol. X, n° 3, août 1974
L'Éveil des nationalités, vol. X, n° 4, novembre 1974
Le Fragment, la somme, vol. XI, n° 1, février 1975
L'Année littéraire québécoise 1974, vol. XI, n° 2, mai 1975
Avez-vous relu Ducharme? vol. XI, n° 3-4, octobre 1975
Conte parlé, conte écrit, vol. XII, n° 1-2, avril 1976
Jacques Ferron, vol. XII, n° 3-4, octobre 1976
Le Lieu Commun, vol. XIII, n° 1-2, avril 1977
Petit manuel de la littérature québécoise, vol. XIII, n° 3-4, octobre 1977
Le Fil du récit, vol. XIV, n° 1-2, avril 1978
Les Écrits d'Aimé Césaire, vol. XIV, n° 3-4, octobre 1978
Théâtre des commencements, vol. XV, n° 1-2, avril 1979
Tragique et tragédie, vol. XV, n° 3-4, octobre 1979

MUSIQUE

Collection «Opéras et Lieder»

La Bohème (traduction). Marie-Thérèse PAQUIN
Così fan tutte (traduction). Marie-Thérèse PAQUIN
Dix cycles de lieder/*Ten cycles of lieder*
Beethoven, Brahms, Mahler, Schubert, Schumann. Marie-Thérèse PAQUIN
Don Giovanni (traduction). Marie-Thérèse PAQUIN
Madama Butterfly (traduction). Marie-Thérèse PAQUIN
Otello (traduction). Marie-Thérèse PAQUIN

Collection «Sémiologie et analyse musicales»

Essai de stylistique comparée. Les variations de William Byrd
et John Tomkins sur «John Come Kiss me now». Elizabeth MORIN
Proposal for a Grammar of Melody. The Bach Chorales. Mario BARONI et Carlo JACOBONI

Achevé d'imprimer à Montréal, le 4 février 1980